# 문명의 변화와 내러티브

우정권

도서출판 월인

이 저서는 2006년도 정부재원(교육인적자원부 학술연구조성사업비)으로 한국학술진흥재단의 지원을 받아 연구되었음(KRF-2006-321-A00720).

This work was supported by the Korea Research Foundation Grant funded by the Korean Government(MOEHRD, Basic Research Promotion Fund) (KRF-2006-321-A00720).

## 서문

문명이 변화함에 따라 인간의 표현 방식도 상당히 변화하여 왔다. 문자가 없던 시대에는 인간은 말로써 서로 의사소통을 하였으며, 활자 시대에는 문자로 서로 이야기를 나눴고, 이제 디지털 미디어 시대에는 멀티미디어로 커뮤니케이션을 하고 있다. 그와 함께 문학이라는 장르의 서사 양식 또한 문명의 변화와 함께 그 양상을 달리하고 있다. 구비문학에서 문자문학으로, 이제는 영상문학으로 서사 양식이 바뀌고 있다. 특히 근대가 시작되면서 서사 양식은 큰 변화가 있었다.

개화기에 서구의 문물이 들어오면서 전통적인 서사양식 보다는 새로운 양식이 나타나기 시작하였다. 이 시대에는 많은 사람들이 일상적 삶의 세계에 눈을 뜨기도 하였다. 개화기의 일상생활의 서사 양식은 큰 변화가 있었다. 신변잡사적이면서도 개인적인 일들이 그대로 서사 양식으로 자리 잡게 되었다. 그러면서도 조선 후기부터 내려온 서사 양식의 틀을 상당히 계승하였다. 조선 후기의 일상적 생활을 소재로 한 소품문이 개화기에 와서도 그대로 계승되어 나타난 것이다. 비록 서구와 일본의 영향 관계에 있었지만 개화기 일상생활을 그리고 있는 상당수의 단편서사문학이 조선 후기의 소품문과 밀접한 관련이 있는 것이다.

본 저서에서는 이와 같은 점을 문명의 변화와 내러티브와의 상관성 속에서 주로 다뤘다. 그러면서 1930년대와 전자시대, 그리고 한류와 콘텐츠 시대의 서사 양식은 어떠한 변화가 있었는지에 대해서도 같이 살펴보았다. 즉 문명의 변화 속에서 내러티브가 어떠한 변화를 갖게 되었는지에 대해 고찰한 것이다.

본 저서를 발간하는 데 도움을 주신 도서출판 월인의 식구들에게 감사드립니다.

그리고 언제나 옆에 항상 있는 전금주 님에게 이 책을 통해 못다 한 고마움에 대한 표현을 대신합니다.

2009년 가을

우정권

# 차례

# 조선후기의 소품문

## 1. 소품문

### 1.1. 소품문 연구사

소품문의 본격적 연구는 김성진의 「조선후기 소품체 산문 연구」(부산대 박사학위논문, 1991)로부터 시작되었다. 김성진은 이 논문에서 조선후기 문풍의 변화양상을 집약하고 있는 소품체 산문을 "短小한 문장에 淸新한 身邊雜事를 기록하면서 섬세한 자기 감정을 표현했던 조선후기 수필문학의 한 갈래"로 정의하였다. 그는, 明末 소품의 특징으로 첫째, 소품은 종래의 載道之文적 문학관에 이의를 제기하면서 문학의 독자적인 가치와 예술성을 중시하였다. 둘째, 소품은 격식에 구애됨이 없이 뜻가는 대로 性靈을 표현한 것이다. 셋째, 소품에서는 무엇보다도 작가의 개성을 중시한다. 넷째, 소품은 길이가 대체로 短小하다. 다섯째, 소품은 서정적이며 작가 자신의 내면세계를 그리는 데 주력한다는 점을 들었다. 또한, 조선 후기 소품체 산문 형성배경으로 ① 신분체제의 동요와 소외문인군의 동향 ② 學風과 세계관의 다원화 현상 ③ 反擬古적 문풍과 공안파의 영향을 들었다. 유형을 ① 유기류, ② 서발류, ③ 척독류, ④ 수상잡록류로 나누었고, 특질로 ① 眞機追求와 서정지향 ② '今時'와 '朝鮮'의 중시 ③ 寓言的 표현과 해학미 ④ 문답과 반복의 서술구조 ⑤ 속어사용과 풍속·설화의 수용을 들었는데, 주로 박지원과 이덕무, 이옥의 작품을 통해 고찰하였다.

김성진(1991)의 논문 이후 1990년대 후반에는 개별 작가와 작품에 대한 연구가 활발히 이루어졌다.

허균의 소품문 연구는 소품문의 출발이라는 관점에서 주목되었다.[1] 강명관(1998)은 허균에 대한 기존 연구에 대하여 문제를 제기하였다. 하나는 허균의 문학을 개성주의 시각으로만 본 것에 대하여 허균이 의고파의 대표인 王世貞의 추숭자였음을 지적하였고, 다른 하나는 허균 사상에 끼친 양명좌파와 공안파 문학의 영향성에 대하여 이전에 허균이 이와 관련된 저작을 접하지 못했다는 점

---

1) 허균(許筠) 소품문 연구
강명관, 「許筠과 明代文學」, 『민족문학사연구』 13(민족문학사연구소, 1998).
김풍기, 「조선중기 古文의 小品文的 성향과 許筠의 尺牘」, 『민족문화연구』 35(고려대 민족문화연구원, 2001).
김성진, 「許筠의 尺牘에 대한 一考察」, 『한국한문학연구』 31(한국한문학회, 2002년 동계).
안대회, 「許筠의 小品文」, 『현대시학』(현대시학사, 2003.9).
한영규, 「'한적(閒適)'의 선망과 『한정록(閒情錄)』」, 『문헌과해석』 19(문헌과해석사, 2002 여름).

을 들어 반박하였다. 김성진(2002)은 허균의 척독이 書와 분리된 문집의 체재에 주목하여 명대소품과의 연관성에 천착하였다. 허균의 문학을 의고문에의 경도와 문학관 변화, 만명소품으로의 재전환과 허균의 척독, 허균의 척독에 있어서의 의고문과 만명소품으로 나누어 설명하였다. 김풍기(2001)는 척독의 소품문적 성향에 대한 허균의 인식을 검토하고, 허균 척독의 서술 특징과 그 의미를 간결함 속의 覈實(핵실) 추구, 서정성과 일상성의 조화, 생동감 넘치는 구어체의 수용과 웃음의 활용, 벗을 통한 사회적 관계의 새로운 정립으로 설명하였다.

이용휴의 소품문 연구[2] 중 안대회(2000)는 조선후기 소품문의 선구자인 이용휴 소품의 미학을 이용휴의 실험적 글쓰기와 소품, 단형의 서사와 단순한 구성, 기발한 착상과 寄의 미학, 자아 상실 시대의 인간다움 포착으로 나누어 고찰하였다. 또한 박동욱(2006)은 이용휴 산문의 주제를 자아에 대한 관심과 재해석, 세계에 대한 희오적(戱娛的) 태도, 창조적 발상과 대상의 재인식으로 나누어 고찰하였다.

---

2) 이용휴(李用休) 소품문 연구
안대회, 「李用休 小品文의 美學」, 『한국학논집』 34(한양대 한국학연구소, 2000).
정 민, 「18세기 우정론의 맥락에서 본 이용휴의 생지명고」, 『한국학논집』 34집(한양대 한국학연구소, 2000).
조현덕, 「혜환 이용휴의 사유양식과 소품체 산문 연구」(고려대 교육대학원 석사학위논문, 2002).
박동욱, 「혜환 이용휴 산문 연구」, 『온지논총』 16(온지학회, 2006)

박지원의 소품문 연구[3]는 명청 소품과의 관계에 주목하여 활발히 연구되기도 하였고, 척독에 대한 연구도 이뤄졌다.

이덕무의 소품문 연구[4] 중 강명관은 정조의 언어관에 비추어 이덕무 소품문의 제재와 수사적 특징, 이덕무 소품문의 산문사적

---

3) 박지원(朴趾源) 소품문 연구
이동환, 「박연암의 <홍덕보묘지명>에 대하여」, 『이조후기 한문학의 재조명』(창작과비평사, 1983).
김도연, 「고문의 문체연구: 연암체를 중심으로」, 『한국학논총』 6(국민대한국학연구소, 1984).
김영진, 「朝鮮後期 明淸小品의 受容과 小品文의 展開 樣相」(고려대 박사학위논문, 1996).
강명관, 「조선후기 한문학 연구의 새로운 지평 모색」, 『한국한문학연구』 19(한국한문학회, 1996).
안대회, 「더 이상 짧을 수 없는 편지: 박지원의 척독소품」, 『문학과경계』 3(2001, 가을).
심경호, 「박지원과 이덕무의 척독에 대한 일고찰」(한국한문학회 발표요지, 2002년 동계).
정 민, 「燕巖 尺牘小品의 문예미」(한국한문학회 발표요지, 2002년 동계).
심경호, 「朴趾源과 李德懋의 戲文 交換에 대하여」, 『한국한문학연구』 31(한국한문학회, 2003).
이우일, 「원굉도와 박지원의 문학사상연구: 소품문을 중심으로」(성신여대 박사학위논문, 2003).
강명관, 「연암 박지원과 공안파」(한국고전문학회 발표요지, 2003.2)

4) 이덕무(李德懋) 소품문 연구
권정원, 「靑莊館 李德懋의 尺牘 硏究」(부산대 석사학위논문, 1996).
권정원, 「이덕무 초기 산문의 공안파 수용양상 연구」(부산대 한문학과 박사학위논문, 2006).
강명관, 「李德懋 小品文 硏究」, 『고전문학연구』 22(한국고전문학회, 2002).
강명관, 「이덕무와 공안파」, 『민족문학사연구』 21(민족문학사학회, 2002).
안대회, 「李德懋 小品文의 美學」, 『고전문학연구』 24(한국고전문학회, 2003).
안대회, 「李德懋 소품문」, 『현대시학』(현대시학사, 2003.1).
홍인숙, 「李德懋 척독 연구: '내면' 혹은 '사적 자아'의 발견」, 『한국한문학연구』 33(한국한문학회, 2004).

의의를 고찰하였다. 권정원(1996)은 이덕무 척독의 문예적 성격으로 내용의 진솔성, 표현의 심미성, 정조의 애상성을 들었다. 홍인숙(2004)은 이덕무의 척독연구에서 문체 갈등에 개재된 '개인'으로서의 자기 인식에 주안하여 이덕무의 척독에 나타난 '개인'의 표지로써 자기 고백의 낭만성, 세계 인식의 주관성, 기호와 취향의 고유성을 들었고, 이덕무 척독의 의의를 '내면의 발견'과 '사적 자아'의 문학적 표현이라고 하였다.

특히 이옥의 소품문 연구는 가장 활발하게 이루어졌다.[5] 김영

---

5) 이옥(李鈺) 소품문 연구
김균태, 『이옥의 문학이론과 작품세계의 연구』(창학사, 1986).
이현우, 「李鈺 文學에 있어서의 '眞言'의 문제」, 『한국한문학연구』 19(한국한문학회, 1996).
이현우, 「이옥 소품 연구」(성균관대 박사학위논문, 2002).
심경호, 「일탈과 실험: 이옥의 산문세계」, 『18세기 연구』 3(한국18세기학회, 2001).
김영진, 「李鈺 硏究(1): 가계와 교유, 明·淸 小品 閱讀을 중심으로」, 『한문교육연구』 18(한국한문교육학회, 2002).
이지양, 「이옥 문학에서 남녀 眞情과 烈節의 문제」, 『한국한문학연구』 29(한국고전문학회, 2002).
김진균, 「이옥의 작가적 자세와 탈중심적 글쓰기」, 『한문학보』 6(우리한문학회, 2002).
김영진, 「<서평>조선 후기 소품문, 그 다양한 빛깔: 「역주 이옥전집(1, 2, 3), 소명출판, 2001」, 『민족문학사연구』 20(민족문학사학회, 2002).
안대회, 「이옥의 소품문 2」, 『현대시학』(현대시학사, 2003.8).
김영진, 「李鈺 문학과 明·淸 小品: 신자료의 소개를 겸하여」, 『고전문학연구』 23(한국고전문학회, 2003).
박현숙, 「李鈺 小品文의 作品世界」(서울대 석사학위논문, 2004).
안대회, 「李鈺의 저술 『담배의 경전(煙經)의 가치』」, 『문학과해석』 24(문학과해석사, 2003 가을).
송병렬, 「李鈺의 擬人體 散文 一考察」, 『한문학보』 13(우리한문학회, 2005).
신익철, 「이옥 문학의 일상성과 사물인식」, 『한국실학연구』 12(민창사, 2006).

진은 이옥의 가계와 교유, 명청소품의 열독을 입증하였고, 김진균(2002)은 전범적 문장 일체를 부정하고 자신의 문장을 추구했던 이옥의 작가적 자세, 비감과 유희의 글쓰기, 이옥 문체의 위상을 고찰하였다. 이현우(1996)는 '三難'에 나타난 진정론을 바탕으로 이옥 문학에 있어서의 '진정'의 특성을 作詩의 원천, '任情流出'과 '진정'의 발현양상, '雅' '艶' '宕' '悱'로 구분하여 검토하였으며, 이를 근거로 이옥 문학에 있어서의 '진정'의 의미를 고찰하였다.

중인층 문인 서화가인 조희룡의 소품문 연구[6] 중 한영규(2001)는 예인을 지향한 조희룡의 창작 의식을 살핀 후 그의 청언소품을 진계유 청언의 변용으로 보고 조희룡 청언의 성격을 고찰하였다. 또한 중국의 청언과 우리나라 청언과의 변별점을 설명하였다.

---

이현우, 「이옥, 소외문인의 자아와 그 문학」, 『반교어문연구』 20(반교어문학회, 2006).
황아영 「李鈺의 '遊記' 硏究」(성신여대 석사학위논문, 2007).

6) 조희룡(趙熙龍) 소품문 연구
이지양, 「趙熙龍의 예술가적 자의식과 문장 표현의 특징」, 『고전문학연구』 13(한국고전문학회, 1998).
이성혜, 「趙熙龍 文學硏究」(경성대 박사학위논문, 1999).
한영규, 「조희룡 산문의 晩明 淸言小品 수용과 그 특징: 陳繼儒 淸言小品과의 관계를 중심으로」, 『한문학보』 4(우리한문학회, 2001).
한영규, 「趙熙龍의 藝術精神과 文藝性向」(성균관대 박사학위논문, 2001).
한영규, 「중인층 傳記集 『壺山外史』의 성격과 위상」, 『고전문학연구』 29(월인, 2006).
이기현, 「趙熙龍 小品文 硏究: 尺牘小品과 題畵小品을 중심으로」(고려대 석사학위논문, 2006).

김려의 패관소품문 연구[7] 중 강혜선(1998)은 이옥과 더불어 박지원과는 또 다른 문체를 구사한 김려의 패관소품문의 창작양상을 인정의 세계, 물태의 세계, 일기의 세계로 나누어 고찰하였다.

이외에 관각문인인 남공철의 소품문[8]과 심노숭,[9] 노긍,[10] 신정하,[11] 이학규[12] 등의 소품문 연구도 이루어졌으며, 최근에도 소품

---

7) 김려(金鑢) 소품문 연구
박혜숙, 「담정 김려-새로운 감수성과 평등의식」, 『한국문화』 17(서울대 한국문화연구소, 1996).
강혜선, 「김 려의 패관소품문 연구」, 『한국 고전소설과 서사문학』(집문당, 1998).

8) 남공철(南公轍) 소품문 연구
안순태, 「남공철의 전장비지문 연구」(서울대 석사학위논문, 2002).
김광섭, 「금릉 남공철의 문학관과 작품 세계」(고려대 석사학위논문, 2001).
김현경, 「남공철의 척독 연구」(한국교원대 석사학위논문, 2006).

9) 심노숭(沈魯崇) 소품문 연구
김영진, 「孝田 沈魯崇 文學 硏究」(고려대 석사학위논문, 1997).
김영진, 「효전 심노숭 산문 연구」, 『민족문학사연구』 11(민족문학사연구소, 1997).

10) 노긍(盧兢) 소품문 연구
안대회, 「盧兢 小品文攷」, 『한문학보』 6(우리한문학회, 2002.6).
김용남, 「漢源 盧兢과 그의 小品文一攷」, 『개신어문연구』 24(개신어문학회, 2006).

11) 신정하(申靖夏) 소품문 연구
배미정, 「朝鮮後期 尺牘文學의 流行과 그 背景: 신정하를 중심으로」(한국정신문화연구원 석사학위논문, 2003).
배미정, 「신정하 척독의 즐거움과 아름다움」, 『문헌과해석』 27(문헌과해석사, 2004 여름).

12) 이학규(李學逵) 소품문 연구
정우봉, 「洛下生 李學逵의 산문세계」, 『한국실학연구』 6(한국실학학회, 2003).
안대회, 「李學逵의 小品文」, 『현대시학』(현대시학사, 2004.5).
김하라, 「洛下生 李學逵 서간문의 自己敍事的 특성」, 『민족문학사연구』 27(민족문학사학회, 2005).

작가와 작품의 발굴 소개가 지속적으로 이루어지고 있다.

개별 작가와 작품 연구와 더불어 소품문의 특징과 성행 양상을 밝힌 논문이 발표되었다.[13] 김성진(1996)은 패사소품의 성격을 소설과의 비교를 통해 재정리한 후 문체적 특질을 고찰하였다. 이성혜(1998)는 소품문을 공안파에 의해 완성된 명청소품문으로 지칭하고, 이옥과 조희룡의 소품을 대상으로 형식적 특징과 내용적 특징으로 나누어 문체적 특징을 포괄적으로 고찰하였다. 소품문의 성행과 관련하여 김성진(1998)은 남공철을 중심으로 조선후기 문인들의 심미적이고 탈속적인 생활모습을 패사소품의 내용과 관련하여 고찰하였다. 안대회(2001)는 18~19세기 산문의 획기적인 변화의 중심에 소품문이 있었다고 보고, 소품문의 성행, 조선후기 소품문의 문체혁신, 소품문의 소재 선택, 감성적 글쓰기의 지향, 문학사적 위상 등을 종합적으로 정리하였다.

소품문이 표현하고자 한 주제에 접근한 논문으로는 정민, 심경호의 연구가 있다. 정민(2002)은 18세기 산수유기를 대상으로 '癖'과 '痴'의 입장에서 유기소품의 형식적, 내용적, 문체적 특징을 고찰하였다. 심경호(1998)는 한문산문의 미학을 설명하기 위하여 조선후기 소품문에 해당하는 여러 작품들을 대상으로 하였다.[14]

---

13) 김성진, 「稗史·小品의 성격과 실체」, 『한국한문학연구』 19(한국한문학회, 1996).
이성혜, 「소품문의 문체적 특징에 관한 고찰」(1998).
김성진, 「조선후기 문인들의 생활상과 소품체 산문」, 『한국 고문의 이론과 전개』(태학사, 1998).
안대회, 「조선후기 소품문의 성행과 글쓰기의 변모」(2001).

14) 정 민, 「18세기 산수유기의 새로운 경향」, 『18세기 연구』 제4호(한국18세

소품문과 문체반정의 관련성에 관한 논문으로는 강명관과 윤재민의 연구가 주목된다.[15] 강명관(2001)은 정조가 주도한 문체반정을 통하여 소품문의 의미를 설명하였다. 정조가 소품문에 대하여 사용한 비판적 비평 용어에 주목하여 정조의 언어관과 위배되는 소품의 언어가 지닌 의의를 파악하였다. 또한 정조가 문체반정시 금압했던 것은 주로 소품이었으며, 그 이유를 고증학과 양명좌파의 사유와 연결 지어서 설명하였다.

한편, 조선후기 소품문과 명청소품을 관련 짓는 연구가 활발하였는데, 북한파와 공안파의 연관성 연구가 두드러졌다.[16] 김영진(2002)은 소품문의 초기 연구에서는 당대의 대표적인 명청 소품서가 어떤 것이 있고, 어떻게 유통되고 읽혔는지에 대한 기초 조사를 중시되어야 한다면서 淸 張潮가 편한 패사소품집 『우초신지』를 중

---

기학회, 2002).
심경호, 『한문산문의 미학』(고려대출판부, 1998).

15) 강명관, 「문체와 국가장치: 正祖의 文體反正을 둘러싼 사건들」, 『문학과 경계』 2(문학과 경계, 2001).
윤재민, 「文體反正의 再解釋」, 『고전문학연구』 21(한국고전문학회, 2002).

16) 강명관, 「조선후기 한문학 연구의 새로운 지평 모색」, 『한국한문학연구』 19(한국한문학회, 1996).
김영진, 「『우초신지』 판본 연구」, 『신진문철』(신진문철간행위원회, 월인, 2002).
이우일, 「원굉도와 박지원의 문학사상연구: 소품문을 중심으로」(성신여대 박사학위논문, 2003).
강명관, 「연암 박지원과 공안파」(한국고전문학회 발표요지, 2003.2).
김영진, 「조선후기의 명청소품 수용과 소품문의 전개양상」(고려대 박사학위논문, 2004).
권정원, 「이덕무 초기 산문의 공안파 수용양상 연구」(부산대 한문학과 박사학위논문, 2006).

심으로 실증적인 작업을 진행하였다. 이를 통해 명청소품에 대한 조선후기 문인들의 열독 현상을 입증하였다.

최근에는 대중 독자를 대상으로 소품 작품을 번역 소개하는 출판이 활발히 이루어지고 있다.[17]

## 1.2. 남공철의 소품문 – 인품이 담긴 글

남공철의 소품문을 읽고 난 후 글의 특징보다는 성품이 먼저 느껴졌다. 그는 정조의 사부였던 남유용의 아들로 정조와 순조로부터 지극한 신임을 받으며 50여 년간 관직에 있으면서 영의정까지 올랐다. 그는 정통 고문을 지향하는 관각문인이었지만 문체반정의 핵심 대상이었던 박지원 등과도 교유하는 등 나이와 신분을 떠나서 다양한 벗들과 교류하였다. 오랜 관직 생활과 신분을 초월한 다양한 교유는 그의 관료로서의 능력과 책임감과 온화하고 포용력 있는 성품이 조화를 이루었기에 가능했을 것이다. 그의 글은 박지원이나 이옥의 글에서 느껴지는 날카로움 풍자나 재치, 내용과 형식에 있어서의 기이함이나 새로움이 나타나지는 않으나 신분을 떠

---

17) 안대회와 정민은 태학산문선을 통하여 한국, 동양 산문선 시리즈를 기획, 출판.
안대회는 문학잡지(문학과경계, 문헌과 해석, 현대시학)에 개별 작가별 소품을 지속적으로 소개.
정민, 『비슷한 것은 가짜다』(태학사, 2003); 『마음을 비우는 지혜-明淸淸言』(솔, 1997); 『한서 이불과 논어 병풍』(열림원, 2000).
실사학사 고전문학연구회, 『조희룡전집』(전6책, 한길아트, 1998); 『역주 이옥전집』(전3책, 소명출판, 2001).

나 재능을 가진 이들에 대한 배려, 그리운 이들과 나눈 정감, 자연에 대한 그리움과 고동서화에 대한 애착, 잘못된 것을 정중하게 지적해 주는 솔직함, 시비에 대한 객관적인 태도, 유교적 가치관과 현실 긍정 등이 두드러진다.

남공철은 기이하지만 뛰어난 재능을 가진 인물들과 교유하면서 그들의 재능을 높이 평가하고 불우하지만 자신의 내면세계를 굳게 지키려는 이들을 기리고 있다. 조선 후기 최고의 기인이자 화가인 최북, 마당발 시인 이단전, 제 뜻을 펴지 못하고 요절한 김용행, 가난하면서도 즐거움을 알았던 진락선생, 빈천한 선비여서 시가 공교로운 남유형, 선비의 절개를 중시했던 벗 박남수, 술을 좋아하며 제 멋대로 행동했던 손옹, 능력이 쓰여지지 못해 암담한 심정을 담은 민범대 등에 관한 글이 이에 속한다.

그리운 이들과 나눈 정감을 서정성 있게 표현한 글들도 있다. 14살 위인 오윤상과의 사우관계에 관한 글에는 벗을 아끼는 마음이 절절하며 이언식과의 이별의 슬픔을 서정성 있게 표현하였다. 불우한 외종형에게 유일한 기쁨이던 아내의 죽음과 인정 넘치던 조카의 죽음에 부치는 글을 썼으며, 죽은 친구의 편지를 모아 엮으며 서문을 쓰기도 하였다. 벗들과 과거시험 준비를 하던 추억을 회상하기도, 이덕무 등의 벗들과 정자에서의 즐거웠던 한 때를 적기도, 사람됨을 보고 가보지도 않고 이원좌의 화원에 대한 글을 짓기도 한 것은 그들과 나눈 정감이 있었기 때문일 것이다.

남공철의 글에는 자연에 대한 그리움과 고동서화에 대한 애착이 남다르게 드러난다. 그는 74세로 관직에서 물러나기 전까지 공무에 바빴기 때문에 늘 자연을 그리워하며 지냈다. 산사와 같은 최생의 정원에 가지 못하는 아쉬워하기도 하고, 좋은 경치가 있는 옥류동을 발견하여 알리는 글을 쓰기도 했으며, 시를 통해 산수의 경치를 마음속에 그리기도 하였다. 그는 평생 구양수를 흠모하여 둔촌에 우사영정을 지어 놓고 그곳을 늘 그리워했으며, 둔촌의 사계 그림으로 그리움을 달래기도 하였는데, 결국 74세로 관직에 물러난 후에야 그곳에 갈 수 있었다. 고동서화에 대한 애착 또한 커서 20년 전에 써 논 그림 목록에 감상문을 쓰기도 하였다.

정중하게 상대의 잘못을 지적하는 솔직함을 보이는 글로는, 벗 조진구와 이현수의 편지에서 잘못되거나 기이한 글자를 지적하는 글, 유학자라서 의사라는 것을 드러내기 꺼린 강사백에게 나라의 병을 치료하는 의사가 되기를 바라는 글 등이 있다. 또한 시비에 대한 객관적인 태도와 경계를 일깨우는 글이 있는데, 외모와 일에서 허영심으로 가득한 사람의 비참한 종말을 소개하여 이를 경계하였으며, 이익을 보면 두려워할 줄 알아야 화를 면할 수 있고, 좋을 때와 나쁠 때가 있으니 자만하거나 낙심할 이유가 없다고 하였다.

남공철은 중책을 맡고 있는 관료이기에 유교적 가치관을 옹호하고 있으며, 현실에 대한 비판보다는 긍정적인 인식을 하고 있다. 화복감응의 증거로, 상벌이 효과가 없어지자 춘추가 지어져 붓으로 평가를 하였고, 춘추필법의 효력이 다하자 불교의 윤회설과 지옥설이 횡행한 점을 들어서, 착한 사람은 복을 받고 악한 사람은 벌을 받는다고 하였다. 하늘의 도는 온갖 사물에 두루 은혜를 베푼다고 보았으며, 많은 책을 볼 수 있는 이 시대가 태평성대라고 표현하였다. 과거에 집착하지 말고 성인의 도에 이르기를 바라는 글을 짓기도 하였다.

### 1.3. 이옥의 소품문 - 소재의 다양화와 기법의 실험

이옥은 전주이씨이지만 한미해진 가문에서 태어났다. 성균관 유생 때 과거에 응시했으나 소설 문체를 썼다는 이유로 충군의 벌을 받았고, 다음 응시에서도 초쇄한 문체라 하여 삼가현으로 충군하게 되었으며, 다음 해 장원을 하였으나 관례를 몰라 사면을 허락받지 못했다. 문체와 소장 문제, 부친상 등으로 끝내 벼슬에 나아가지 못한 채 불우한 생을 살다가 53세를 일기로 삶을 마감하였다.

그의 불우한 삶은 그가 남긴 결과물인 글을 볼 때에는 오히려 긍정적인 측면으로 작용된 면이 적지 않은 면이 있다.

우선, 삼가현에서의 생활하는 동안 그곳의 풍물과 다양한 인물 탐색, 방언과 풍속을 관찰할 수 있었으며 그 결과 풍부한 소재가 어우러진 폭넓은 시야를 가진 글을 엮을 수 있었다. 명인, 기인, 보통 아낙의 모습, 화폐경제의 발달을 보여주는 시장의 다양한 사물의 모습과 부정하게라도 이익을 취하려는 사기꾼들과 보통 사람들의 분주한 모습 등은 그의 글을 풍부하게 만들어주는 다양한 소재이다. 지방에서의 생활 경험은 지방의 가치를 발견하여 방언이 풍속의 차이에서 비롯된 것이며 서로의 가치에 대한 상대주의적 관점을 갖게 하는데도 영향을 주었을 것이다. 그의 글에 두드러지는 현장의 생동하는 모습들은 직접 경험하고 감각으로 느껴보지 않았다면 그려내기 힘든 일이었을 것이다.

소품 문체로 지적된 그의 문체는 벼슬과 멀어지게 하는 결정적 계기가 되었지만 가장 주목받는 조선 후기의 문인으로 인정받게 된 핵심이 되기도 하였다. 그는 과거시험을 위한 賦를 일상적 글쓰기로 활용하기도 하였고, 장첩 형식이 등장하기도 한다. 그가 쓴 23편의 傳은 민간에 떠도는 이야기를 흥미 있게 그려내면서 자신의 생각을 덧붙이고 있는데, 흥미로운 이야기와 평론부분에서의 화자의 갈등이 두드러지게 나타나고 있는 작품도 많아 소설과 구분하기 어려운 면이 있다. 그는 상세한 묘사를 자주 사용하였는데 예를 들어 장날의 분주한 사람들의 모습과 사물, 송광사 오백 나한의 모습 등을 극히 상세하게 묘사해 생동감을 주었다. 또한 8월의 북한산 주변의 경치를 표현하면서 '멋지다(佳)'라는 말을 수없이 반복하기도 하는 등 글쓰기 자체를 실험하는 듯 하였다.

자신의 처지를 사물에 빗대어 표현하기도, 경계로 삼기도 하였다. 가을 벌레소리, 바람에 밀려 물에 빠져 죽은 나비, 감정이 있어 울어대지만 결국 아무것도 아닌 개구리의 모습, 거울 속의 늙어가는 모습, 외면 받음으로써 오히려 제 수명을 살 수 있는 흰 봉선화를 통하여 자신의 불우한 처지를 애상적으로 표현한 것이기도, 위한하기도, 경계하기도 하였다. 사물의 특성을 잘 관찰하여 자신의 상황을 빗대어 표현하고 있다.

어진 신하가 되고자 했지만 좌절된 그였기에 글을 통하여 정치 상황이나 사회 현실에 대한 불만과 비판을 드러내기도 하였다. 정치나 사회 현실의 모순의 근거를 관리들의 무능과 간교함에서 찾고 있으며, 우의적 기법을 주로 사용하여 간접적으로 표현하였다.

조선 후기의 대표적인 문인인 박지원이 글을 통해 현실을 날카롭게 풍자하고 비판하였으며 인간의 성정을 긍정하면서 새로운 인간상을 찾아낸 것에 비하여, 이옥의 글은 역사적 맥락은 약화되고, 하층민에 대한 관심은 보이나 박지원처럼 그들에 대한 깊은 애정은 나타나지 않는다. 그는 다양한 사람과 사물에 대한 일상적이고 미세한 변화를 관찰하고 다양한 글쓰기 방식을 시도하여 특히 세부적으로 묘사함으로써 글을 풍부하게 만드는 자신만의 개성적인 글쓰기기를 보여 주었다고 할 수 있다. 이옥의 글의 내용과 형식의 개성은 근대기로 이행하는 조선후기의 특징을 잘 말해주고 있다.

# 개화기 단편서사문학과 소품문 관련 양상

## 1. 머리말

### 1.1. 연구 목적

본 연구는 개화기 단편서사문학이 형성되는 데 있어서 전대의 서사 양식이 어떤 영향을 끼쳤는지를 구체적인 작품을 통해 살펴보는 데 목적이 있다.

1910년대와 20년대의 단편서사문학은 담론체 서사 양식이나 신소설과는 다르게 인간 내면의 문제와 일상적 생활을 주제로 하여 구성되어 있다.[1] 이와 같은 특성이 본격적인 근대소설이 형성되는 데 큰 영향을 끼쳤다.[2] 또한 그러한 서사 양식이 전대의 서사 양식

1) 졸고, 「한국 근대 고백적 단편 서사의 양상에 관한 연구-1900~10년대 문학을 중심으로」, 『국어국문학』 127집, 2002.
졸저, 『한국 근대 고백소설의 형성과 서사 양식』, 소명출판, 2004, 79~102면.

과도 관련성이 있을 것이라는 가설을 세워 본적도 있다. 그러나 선행 연구가 개화기 시대에서 근대로 이행하는 과정에서 한국 근대서사 양식의 전통성을 찾아보고자 하는 노력의 일환으로 시행한 것이었지, 개화기 이전의 서사 양식과의 관련성을 깊이 있게 접근하지는 못하였다. 특히 전대 서사 양식 중 조선 후기 소품문과 밀접한 관련이 있을 것이라 사료되는 데, 이것에 대한 보다 구체적이고 정밀한 연구가 이뤄지지 않았다. 본고에서는 개화기 단편서사문학이 형성되는 데 영향을 끼쳤을 것으로 보이는 조선후기 소품문을 비교 고찰하는 데 연구 목적이 있다.

본 연구가 개화기 단편서사문학에 초점을 두고 있는 이유는 한국 근대소설의 근원 내지 형성에 대한 논의에 있어서 전통성에 대한 여러 논거들을 찾아보고자 하기 위해서다. 개화기 단편서사문학이 근대소설의 형성에 있어서 서사 양식의 전단계로서 많은 의미를 지니고 있음은 선행 연구들에 의해 어느 정도 밝혀졌다. 그러나 단편서사문학이 전통적 서사 양식과의 관련에 대한 연구는 그다지 많은 편이 아니다. 본 연구를 통해 단편서사문학이 선대의 서사 양식과 밀접한 상관성이 있음을 알리는 단초가 되었으면 한다.

## 1.2. 연구 대상

개화기 단편서사문학이 『太極學報』, 『大韓興學報』, 『大韓自强會月報』, 『佛敎振興會月報』, 『半島時論』, 『少年』, 『靑春』, 『學之光』,

2) 졸저, 54~61면.

『創造』, 『죠선크리스도인회보』, 『대한크리스도인회보』, 『그리스도 신문』, 『독립신문』, 『협성회회보』, 『매일신문』, 『제국신문』, 『대한 매일신보』, 『만세보』, 『경향신문』 등에 의해 발표되었다. 이들 매체의 단편서사문학은 논설과 소설로 크게 구분되는 데 대부분 시사적인 내용으로 된 논설적 성격의 글이 대부분이었다.[3] 그러나 이들 작품 중 소설이라고 하는 것 중에는 일상생활을 소재로 하면서 자기 자신의 내면의 세계를 드러내고 있는 작품들이 상당수 많이 있다는 점이다. 그 예로 白岳春史의 <春夢>(『太極學報』 8호, 1907), 白岳春史의 <月下의 自白>(『太極學報』 13호, 1907), 夢夢의 <요조오한(四疊半)>(『大韓興學報』 8호, 1909.12), KY 生의 <犧牲>(『學之光』 3호, 1914.12), 양건식의 <歸去來>(『佛教振興會月報』 제6호, 1915.8), 양건식의 <슬픈矛盾>(『半島時論』 10호, 1918.2), 현상윤의 <逼迫>(『青春』 8호, 1917.6), 白岳의 <同情의 涙>(『學之光』 19~20호, 1920.1~6), 暗涙生의 <病中에서>(『學之光』 22호, 1921) 등을 들 수 있다.

'소품'[4]이란 성리학(조선의 경우)과 같은 거대 담론과 古文이라는 문학적 전범에서 벗어나 문인들이 자신과 자신 주변의 일상에

---

3) 김영민의 『근대계몽기 단형 서사문학의 자료전집(상, 하)』(소명출판, 2003)에 수록된 작품들 대부분이 논설적 성격을 지닌 글이라고 할 수 있다.

4) 소품을 중국에서는 書序・傳記・文論・書信・日記・遊記・笑話・寓言・淸言 등으로 구분하기도 하였는데, 본고에서는 산문형태의 글 중에서 전통적인 古文 형식의 글을 제외한 장르의 구분이 없는 소품체라는 내용, 형식적 특징을 지닌 글을 대상으로 한다. 그러면 소품의 폭이 상당히 넓어지는 문제가 있지만, 소품체의 글을 주로 사용한 문인들이 많은 점을 고려할 때, 소품문의 특성을 갖고 있는 것을 취사선택할 수밖에 없다.

서 펼쳐지는 다양한 삶의 모습, 내면의 진솔한 소리를 격식이나 형식에 구애받지 않고 자유롭게 쓴 글을 말한다. 16세기 이후부터 문인들 사이에서 명·청시대의 소품·소설·희곡 등이 읽히기 시작했으며, 18·19세기에 이르면 유행처럼 열독되었다. 명·청 소품의 수용이라는 이러한 외재적 영향뿐만 아니라 다양한 내재적 요인으로 인하여 조선후기 문인들 사이에서는 이른바 소품, 패사소품, 패관소품체라 일컬어지는 새로운 문체의 글쓰기 방식이 성행하였다. 즉, 조선 내부에서도 작가 개인적 삶의 경험과 의식, 문학론 등에 의해서 새로운 글쓰기가 요구된 것이다.

소품문 작가로 가장 대표적인 인물로 허균, 이용휴, 김려, 박지원, 이덕무 등을 들 수 있다.

허균은 소품문의 출발이라는 관점에서 주목받아 마땅하다. 허균은 의고파의 대표인 王世貞의 추앙자였으며, 그의 사상은 양명좌파와 공안파 문학으로부터 영향을 받았다.[5] 그리고 그의 척독이 書와 분리된 문집의 체재를 갖췄으며 명대소품과는 밀접한 관련성을 갖고 있었다(김성진, 2002). 그의 척독의 특징은 간결함 속에 覈實을 추구하고, 서정성과 일상성의 조화, 생동감 넘치는 구어체의 수용과 웃음의 활용, 벗을 통한 사회적 관계의 새로운 정립 등과 같은 특징을 지니고 있다.

이용휴의 소품 역시 실험적 글쓰기와 소품, 단형의 서사와 단순한 구성, 기발한 착상과 寄의 미학, 자아 상실 시대의 인간다움 포

---

5) 강명관, 「許筠과 明代文學」, 『민족문학사연구』 13(민족문학사연구소, 1998).

착 등과 같은 특징을 지니고 있다.[6] 그리고 그의 소품의 주제는 자아에 대한 관심과 재해석, 세계에 대한 희오적(戱娛的) 태도, 창조적 발상과 대상의 재인식 등과 같은 특징을 지닌다.

박지원의 소품문 또한 명청 소품과의 관계 속에서 형성되었으며, 그의 척독 역시 다른 작가에서 볼 수 있는 형식과 내용을 담고 있다.[7]

김려의 패관소품문은 인정의 세계, 물태의 세계, 일기의 세계로 나눠 볼 수 있다.[8] 이들 세계는 소품문에서 흔히 볼 수 있는 세계

---

6) 안대회, 「李用休 小品文의 美學」, 『한국학논집』 34(한양대 한국학연구소, 2000).

7) 박지원(朴趾源) 소품문 연구
이동환, 「박연암의 <홍덕보묘지명>에 대하여」, 『이조후기 한문학의 재조명』(창작과비평사, 1983).
김도연, 「고문의 문체연구: 연암체를 중심으로」, 『한국학논총』 6(국민대한국학연구소, 1984).
김영진, 「朝鮮後期 明淸小品의 受容과 小品文의 展開 樣相」(고려대 박사학위논문, 1996).
강명관, 「조선후기 한문학 연구의 새로운 지평 모색」, 『한국한문학연구』 19(한국한문학회, 1996).
안대회, 「더 이상 짧을 수 없는 편지: 박지원의 척독소품」, 『문학과경계』 3(2001, 가을).
심경호, 「박지원과 이덕무의 척독에 대한 일고찰」(한국한문학회 발표요지, 2002년 동계).
정 민, 「燕巖 尺牘小品의 문예미」(한국한문학회 발표요지, 2002년 동계).
심경호, 「朴趾源과 李德懋의 戱文 交換에 대하여」, 『한국한문학연구』 31(한국한문학회, 2003).
이우일, 「원굉도와 박지원의 문학사상연구: 소품문을 중심으로」(성신여대 박사학위논문, 2003).
강명관, 「연암 박지원과 공안파」(한국고전문학회 발표요지, 2003.2).

8) 강혜선, 「김 려의 패관소품문 연구」, 『한국 고전소설과 서사문학』(집문당, 1998).

관적 인식이라고 할 수 있다.

이들 중 이덕무는 다른 소품문 작가와 같은 특징을 지니고 있으면서도 자신만의 고유한 색깔을 갖고 있어, 그것이 개화기 단편서사문학이 갖고 있는 형식과 내용의 특징을 상호 비교하기에 수월하다. 즉, 소품문 작가의 작품 중 이덕무의 것이 개화기 단편서사문학에 나타난 여러 특징 중 소재와 내용, 그리고 형식상에서 비교할 수 있는 요소들이 다른 작가들보다 많이 있다는 판단에 의해서다. 본고에서 연구 대상으로 삼은 李德懋의 작품은『青莊館全書』(민족문화추진회, 한국문집총간 257~259,『국역 청장관전서』, 민족문화추진회, 1978~1982)와『한서이불과 논어병풍-이덕무의 청언소품』(정민 편역, 열림원, 2000) 등이 있는데, 이들 작품 중 소품문의 특성을 잘 드러내는 것을 연구 대상으로 삼았다.

## 2. 자아의 인식과 생활의 발견

조선 후기 이덕무가 이서구에 보낸 尺牘을 보면 굶주림을 면치 못하는 자신의 처지를 솔직하게 말하고 있다.

> 家中長物 只孟子七篇 不堪長飢 賣得二百錢 爲飯健噉 嬉嬉然赴冷齊 大夸之 冷齊之飢 亦已多時 聞余言 立賣左氏傳 以餘錢沽酒以飮我 是何異子輿氏親炊飯以食我 左丘生手斟酒以勸我 於是頌讚孟生千千萬萬. 然吾輩若終年讀此二書 何嘗求一分飢乎?

始知讀書求富貴 皆之術　不如直賣契圖一醉飽之樸實而不文飾也 嗟夫嗟夫! 足下以爲如何?[9]

양반적 풍모와 지조, 자존심 때문에 자기 자신을 드러내지 않으려 했던 많은 선비들과 달리 자신의 내면 심경을 있는 그대로 드러낸 이덕무의 척독에서, 글이란 자기 자신을 되돌아 보는 거울이며, 그 속에서 진정한 자아를 깨달을 수 있음을 알 수 있다. 소품체 문장가들의 隨想漫錄은 작자 자신의 내면세계를 그리는 데 주력하는 경향이 강하다[10]고 한다. 그 대표적 예로 <耳目口心書>를 들 수 있다. 소품문은 기록의 목적이 見聞을 삼가고 말과 마음을 조심스럽게 갖기 위한 것이어서, 耳目을 통해서 받아들이는 見聞보다는 자신의 內面 세계의 표출인 口心에 치중하고 있다.[11]

"朴美仲甫與不佞同閈, 晨夕談文 雅或相似, 文爲謔, 聊自寓心, 嘗要不佞耳目口心書, 書凡三至, 不佞諾焉, 翌日不佞 貽書索之曰, 耳目如針孔, 口如蚯蚓竅, 心如芬子大, 只足以取大方之笑, 美仲注不佞書間曰, 此蟲何名, 博物者辨之, 不佞又貽書曰, 漢山州曺溪宗本塔東, 古有李氏蓄一蟲, 蟲名囁懼, 性善讓而好藏也. 於是美仲戲謨山海經補, 釋不佞之人, 爲囁懼蟲也. 不佞又戲擬郭京純注, 辨不佞之書, 爲囁懼蟲也. …… 按囁懼蟲, 形方李岾然, 色白有無量黑

---

9) 李德懋, 「與李洛瑞書九書」, 『雅亭遺稿』 券6, 章1.
10) 김정진, *Op.cit.*, 97면.
11) *Ibid.*, 100면.

斑, 長周尺一尺弱, 狹半之, 善飼養脉望, 隱身巾策間. 古有李氏, 性蘿藏退讓 愛蟲之隱身類己也, 潛畜而滋蕃之, 視聽言思, 宗相關涉."

-「山海經補東荒」,「青莊館全書」 卷有十二 중에서

이글을 보면 '생김새가 모나고 침착하며 색은 하얗고 검은 반점'이 있는 섭구벌레가 등장하는 데, 이 벌레는 원래 책을 비유적으로 설명한 것이다. 그러면서 이 벌레가 곧 자기 자신이라는 점을 밝히고 있고, 그 벌레가 갖는 성품이 자기 자신의 몸을 낮추기를 잘한다는 점에 있다. 이렇게 자기 자신을 일종의 책 벌레라고 하면서 있는 그대로의 모습을 솔직하게 고백한 특징이 있다.

위의 두 작품에서 이덕무의 글쓰기가 자기 자신을 있는 그대로 드러내면서 그 속에서 존재의 가치와 의미를 찾으려고 한 점을 발견할 수 있다. 이와 같은 양상을 개화기 단편서사문학에서도 찾아볼 수 있다.

白岳春史의 「月下의 自白」을 보면 소설의 주인공인 노인이 귀족으로 살면서 범했던 자신의 잘못을 솔직하게 뉘우치며 고백을 한다. 그는 사람들의 재물을 강탈하였고, 권세를 남용하였으며, 부당하게 법을 집행하였고, 죄없는 사람에게 벌을 내렸고, 그리고 부귀와 영화만을 쫓다가 결국 국민으로부터 원성을 듣게 되었다. 이런 자신의 잘못을 솔직하게 뉘우치며 참회를 한다. 그럼으로써 일상적 생활 속에 살아가고 있는 한 인간의 존재를 드러낸 것이다. 이것이 갖는 의미는 현실의 어려움을 극복하는 주체적 인간형이 됨으로써 현실 속에서 진정한 자아를 찾아 나가려고 한 모습을 보인 것이다.

단편서사문학 중 『太極學報』, 『大韓興學報』, 『大韓學會月報』, 『大韓留學生會學報』, 『畿湖學會月報』, 『大韓自强會月報』, 『少年』, 『學之光』, 『靑春』에는 생활 속에서 자아에 대한 인식과 존재의 가치와 의미를 발견하고자 한 작품들이 상당수 발견된다. 이들 작품에 나타난 주요 특징이 인간의 내면에 대한 인식이라든가, 자아의 각성, 그리고 생활의 중요성에 대한 인식 등이라고 할 수 있다.

조선 후기 소품문을 보면 생활 속에서 자신의 존재를 찾으려고 하는 내용이 상당히 많이 나온다. 특히 이덕무의 작품을 보면 일상생활 속에서 자기 자신의 참된 모습을 발견하여 생활 자체의 소중함을 일깨우고자 하는 것이 나온다.

> 세속에 초연한 선생이 깊은 산중의 설옥(雪屋)에서 등불을 밝히고, 주묵을 갈아 『주역』에 권점을 치는데, 낡은 화로에서 피어오르는 푸른 향연(香煙)이 하늘하늘 허공으로 오르면서 오색빛 찬란한 공 모양을 짓는다. 조용히 한두 시간쯤 그 모양을 구경하다가 오묘한 이치를 깨닫고 문득 웃었다. 오른편에는 일제히 꽃봉오리를 터뜨린 매화가 보이고, 왼편에는 솔바람과 회화나무에 듣는 빗소리와 보글보글 차 끓는 소리가 들린다.12)

> 한 마리 족제비가 온 몸에 진흙을 발라 머리와 꼬리를 구분할

12) 「선귤당농소」, 『청장』 11, 99면.

> 수 없도록 하고는 앞발을 모으고 썩은 말뚝처럼 사람같이 발둑에 선다. 그러면 족제비는 눈을 감고 죽은 듯이 그 밑에 누워 있다. 그때 까치가 와서 엿보고 죽은 줄 알고 한번 찍는다. 짐짓 꿈틀하면 까치가 의심이 나서 재빨리 썩은 말뚝같이 서 있는 놈 위에 앉는다. 그 놈이 입을 벌려 그 발을 깨문다. 까치는 그때야 족제비의 머리에 앉은 것을 알게 된다. …(중략)… 족제비 한 마리가 말뚝처럼 섰는데 다른 족제비가 그 아래에 죽은 듯이 누울 줄을 어떻게 아는가. 이것이 자연이 아닌가. 그렇더라도 사람으로서 교묘한 꾀로 교활한 짓을 하는 자가 있으면 쥐와 족제비 같은 종류인 것이다.[13]

첫 번째 인용에서는 일상생활의 풍경 묘사와 차를 마시며 서화를 즐기는 취미와 같은 대목을 통해 일상적 생활을 소재로 한 소품문의 전형적인 특성을 볼 수 있고, 두 번째 인용에서도 족제비에 대한 미세한 관찰을 통해 역시 일상적 삶의 모습의 한 편린을 엿볼 수 있다. 이덕무의 소품문은 '개인'으로서의 자기 인식에 주안하여 '개인'의 표지로써 자기 고백의 낭만성, 세계 인식의 주관성, 기호와 취향의 고유성을 담고 있고, '내면의 발견'과 '사적 자아'의 문학적 표현을 잘 드러내었다.[14] 또한 문예적 성격으로 내용의 진솔성, 표현의 심미성, 정조의 애상성 등을 담고 있다.[15][16]

---

13) 이덕무, 「이목구심서(1)」, 『국역청장관전서』 8, 민족문화추진회, 1980, 41~42면.

14) 홍인숙, 「李德懋 척독 연구: '내면' 혹은 '사적 자아'의 발견」, 『한국한문학연구』 33(한국한문학회, 2004).

고 평가를 한 것처럼 위의 인용문에서 자기 자신에 대한 솔직한 고백을 통해 삶에 대한 인식과 생활의 발견을 한 것이다. 그러면서 작품을 통해 자신의 존재와 삶의 진정성이 무엇인지에 대한 물음을 자주 던졌다.

이광수는 「懸賞小說考選餘言」(『靑春』 12호, 1918)에서 문학은 윤리적 교훈이 되어서는 안 되고, '人事萬般現象이 어느 것이 그 材料가 아니될것업습니다'[17]라고 하였다. 문학이란 일상적 생활에서 나온 것이라는 주장을 하고 있다. 卞榮魯도 「主我的 生活」(『學之光』 20호, 1920)에서 윤리니 도덕이니 하는 것보다 主我的 생활이 더 중요함을 역설[18]한다. 그리고 생활 속의 주인이 될 때 자아에 대한 주체적 인식을 할 수 있다고 한다. 즉 생활의 발견과 인식은 주체적 자아에 대한 인식과 같다는 이야기이다[19]고 한다.

---

15) 권정원, 「이덕무 초기 산문의 공안파 수용양상 연구」(부산대 한문학과 박사학위논문, 2006).

16) 이덕무(李德懋) 소품문 연구
권정원, 「靑莊館 李德懋의 尺牘 硏究」(부산대 석사학위논문, 1996).
강명관, 「李德懋 小品文 硏究」, 『고전문학연구』 22(한국고전문학회, 2002).
강명관, 「이덕무와 공안파」, 『민족문학사연구』 21(민족문학사학회, 2002).
안대회, 「李德懋 小品文의 美學」, 『고전문학연구』 24(한국고전문학회, 2003).
안대회, 「李德懋 소품문」, 『현대시학』(현대시학사, 2003.1).

17) 이광수, 「懸賞小說考選餘言」, 『靑春』 12호, 1918, 99면.

18) "然卽 엇더한 見地에서 엇더한 意味로 보든지 主我的이 안인生活-즉 宗敎, 道德, 儀式을 生活의 中心으로하고 그모든것에 依據하야 사난 生活-처럼 無意味하고 現代의 套語인 不徹底하고 矛盾이고 奴隸的의 生活은 업는것이다."(卞榮魯, 「主我的 生活」, 『學之光』 20호, 1920, 55면)

19) 然卽 「自我」를 표현하고 「自我」의 本領을 發揮하야 自己的生活을 하려함이, 곳 우리에게 天이 賦與한 特殊한 權利며 同時에 이權利를 行事하야만 할 義務를 遂行차 안이하거나 혹 못하는 것은 天에 대한 罪惡이며 同時에 自己에 대한 賭할 수 없는 大罪惡이다(卞榮魯, 「主我的 生活」, 『學之光』 20호,

이덕무의 소품문과 개화기 단편서사문학을 비교하여 보았을 때, 내용상 생활에서 자아에 대한 깊은 인식을 보이고 있음을 알 수 있었다.

## 3. 문학의 진정성으로 나타난 사실 묘사

개화기 단편서사문학 중 상당수가[20] 짧은 단편으로 되어 있지만 그 속에 나타난 여러 형식적 특성은 소품문에 나타난 형식상 특성과 유사하다. 특히 주의해 보야 할 것이 『青春』 11호에 실린 특별현상문예에 당선된 작품들의 면모에서 조선 후기 소품문의 특성이 드러나 있는 글의 형식이 상당수 발견된다는 점이다.[21] 소품문

1920, 56면).

20) 椒海의 <外國에 出學ᄒᆞᄂᆞᆫ親子의게(母親의 書翰)>는 편지 형식으로 되어 있고, 金炳億의 <休業之夏에 別同契諸君子ᄒᆞ야歸國序>와 宋旭鉉의 <以鳥假鳴, 無何狂>, 姜文煥의 <家庭의 一日(日記의 一節)>(『少年』 2호) 등은 자신의 심정을 토로한 일기와 같으며, 朴容喜의 <海底旅行寄談>의 글과 春園의 <東京에서 京城까지>(『青春』 9호, 73~80면)는 기행문의 대표적 예라 할 수 있고, 그 밖에 <觀水論>(蘭石 金炳億), <讀崔友洋英雄崇拜論賦次帝國山河>(李東初), <十可憐>(AB生), <秋感,>(高元勳), <비추사>(無何狂 宋旭鉉), 崔正欽의 <나의 所恨한 所望> 등은 모두 수필로 되어 있다. 이들 모두 원고지로 30~40매 정도 되지 않을 정도로 서사 분량이 작은 특징을 지니고 있다. 그 밖의 『太極學報』, 『大韓興學報』, 『大韓學會月報』, 『大韓留學生會學報』, 『畿湖學會月報』, 『大韓自强會月報』, 『少年』, 『學之光』, 『青春』 등을 보면 서사 분량이 작은 글을 많이 볼 수 있다. 특히 본격적인 문예잡지인 『少年』, 『學之光』, 『青春』 등에 게재된 소설들이 모두 서사 분량이 작은 특징을 지닌다(졸저, 55~61면).

21) 『青春』 11호에 실린 특별현상문예에 당선된 작품을 다음과 같이 세 가지로 분류하여 놓았다. 첫째, '自己近況을 報知하는文'(『青春』 11호, 2면)(六堂이

의 문체는'疏章(소장)이나 策問(책문)과 같은 실제 사무'에 쓰이는 문체를 사용하지 않았다. 또한 격식과 형식적 틀에서 벗어나 상당히 자유로운 면모를 드러냈다. 그러면서 이들 전통 양식 중에서 序記와 書牘題跋과 같은 글을 선호하기도 하였다. 물론 이들 글의 양식이 대부분 문장이 200~300자 정도 밖에 되지 않을 정도로 짧은 특징을 지닌다. 소품문의 이와 같은 특징은 개화기 시대 단편서사문학의 장르적 특성(일기, 기행, 수필, 편지 등)과 형식이 유사함을 알 수 있다.

소품의 형식적 특징이 제목이 자유롭고, 글이 단문이고, 구어와 비속어도 사용되고, 의문 · 감탄 · 반복 · 열거가 많이 사용된 점에서도 개화기 단편서사문학과 상당히 유사하다.

문학이 무엇인가 하는 물음과 그러한 물음을 어떻게 표현할 것인가 하는 점에서 이덕무의 소품문과 개화기 단편서사문학과는 상당히 유사하다.

**진실한 기쁨과 진실한 슬픔이 진실한 시를 만든다.** 아기는 태어나자마자 우는데 울기를 그치면 문득 웃는다. 여기에는 어떠한 허위도 없는데 그 까닭을 아무도 모른다. 이것이 시의 근본이다. 동자가 두세 살이 되어서는 밥을 많이 주면 웃고, 밥을 적게 주면 운다. 감정에 느끼는 대로 기쁨과 슬픔이 일어나는데, 여기에는

---

選하였음), 둘째, '故鄕의 事情을 錄送하는 文'(『靑春』 11호, 26면)(六堂이 選하였음), 셋째, '短篇小說'(『靑春』 11호, 41면)(春園이 選하였음). 여기서 '자기 근황을 報知하는 文'이란 신변잡사를 있는 그대로 서술하여 놓은 것이라는 뜻이다.

> 반드시 그 이유가 있다. 이것이 시의 幾微이다. 아이가 성장해서는 貴人에게 아첨하여 환심 사기에 애쓰고, 가깝지 않은 사람에게도 슬픈 척 조문한다. 이것이 시의 虛僞이다.[22]

위의 인용문에서 볼 수 있는 것처럼 이덕무는 시란, 즉 문학이란 모름지기 자신의 감정을 드러내는 데 있어서 가장 중요한 것이 '진실'이라고 하였다. 이덕무는 문학이란 진정성을 갖도록 해야 하는 것이 작가의 몫이며, 창작의 기본이라고 하였다.

> 범이 말을 낳고, 말이 또 사람을 낳은 일도 있듯이 변화의 계기는 멈추지 않고, 계승도 혁신을 늘 새롭다.
>
> 구속받는 선비는 좁은 문견으로 옛사람이 뱉어 놓은 말을 귀하게 여기지만 한 가지 격식에도 뛰어나지 못하고 늘 얼마쯤 동떨어져 있다.
>
> 남의 걸음걸이를 배우다 절름발이가 되고, 西施를 흉내 내려 이맛살을 찌푸리는 자와는 달리
>
> 위대한 작가는 진실을 꿰뚫어 보고 진부함을 씻어 던진다.
>
> 말의 외양을 무시하고 천리마를 얻은 九方皐처럼 옛 것과 지금 것을 저울질하는 그의 눈동자는 크고도 진실하다.[23]

그러한 문학이 현실적 삶을 어떻게 묘사할 것인가 하는 방법론

---

22) 이덕무, 「蘚書齋詩集序」(윤광심 편, 『병세집』 국립중앙도서관 소장 사본).
23) 이덕무, 위의 책.

적 물음에 오면 마이크로하게 사실적으로 그려내는 것이 중요함을 역설한다.

> 어린 아이가 울고 웃는 것과 시장에서 사람들이 사고 파는 것을 또한 익히 보고 그 무엇을 느낄 수 있고, 사나운 개가 서로 싸우는 것과 교활한 고양이가 재롱을 떠는 것을 조용히 관찰하면 지극한 이치가 이들 속에 있다. 봄누에가 뽕잎을 갉아먹는 것과 가을 나비가 꽃꿀을 채집하는 것에는 하늘의 조화가 그 속에서 움직이고 있다. 많은 개미들이 진을 이루고 행진할 때 깃대와 북을 빌지 않아도 절제가 잡혀 균형을 이루고 있고, 일천벌의 방은 기둥과 들보가 없는데도 칸 사이의 규격이 저절로 고르게 되어 있다. 이것들은 모두 지극히 가늘고 적은 것이지만, 그곳에는 너무도 묘하고 너무도 무궁하게 조화된 것이 있다. 대저 천지의 높고 넓은 것과 고금의 오고 가는 것을 보면 또한 장관스럽고 기이하다 할 것이다.[24)]

위의 글을 보면 아이와 사람들, 그리고 개와 고양이 등을 세밀하게 관찰하였다. 특히 개미들과 벌의 움직임을 마이크로하게 사실적으로 묘사한 것은 그의 소품문 중에서 사실주의적 글쓰기의 단면을 가장 잘 보여준다.

이와 같은 사실주의적 글쓰기는 1910년대, 20년대 일상생활을

---

24) 이덕무, 「이목구심서」, 『국역청장관전서』 8, 민족문화추진회, 1980, 155면.

소재로 한 단편서사문학에서도 잘 나타나 있다.

<同情의 淚>(『學之光』 19~20호, 1920.1~6)에서 조혼풍습을 없애야 하는 주장을 펼치면서 전통적 풍속에 대한 부정과 거부 의식을 담고 있는데, 여기서 작가는 묘사의 사실성을 높이기 위해 노력을 하고 있다. 이와 같은 사실묘사의 예술에 대한 인식은 당시 평론에서도 확인할 수 있으며, 그것이 개화기 단편서사문학의 형식적 특성을 드러내는 데 중요한 요소로 작용하였다. 대표적 예로 金億의 「藝術的生活(H군에게)」(『學之光』 6호, 1915)을 들 수 있다. 김억은 이 글에서 예술이란, '眞生命의 自己滿足生活될만한 것은 藝術的 生活에 잇슬쁜이며, 眞現實的 生活도 藝術的 生活을 비롯함에, 생기리라는 것'[25]이라고 하면서 사실 묘사의 예술을 강조하였다. 그리고 양건식은 <歸去來>(『佛教振興會月報』 제6호, 1915.8)를 통해 소설 창작과 유통과정을 설명하고 있는데, 이 글의 부제가 '寫實描寫'라고 하는 점에서 역시 사실 묘사의 중요성을 확인할 수 있다.

## 4. 결론

이덕무의 수필을 통해 개화기 일상생활을 소재로 한 단편서사문학에 나타난 내용과 서사 양식이 상당히 유사함을 알 수 있었다. 소품문의 가장 큰 특징이 自我의 自覺이다. 곧 글쓰기를 통해

25) 金億, 「藝術的生活(H군에게)」, 『學之光』 6호, 1915, 61면.

작가 자신의 개성을 드러낸 것이다. 개화기 단편서사문학에 나타난 문학이 '載道之文'의 문학과는 거리가 멀고, 정치적인 견해나 현실 사회에 대한 비판적 내용이 담겨 있지 않으며, 신변잡사를 기록하면서 자신의 삶에 대한 인식을 예술적 감회로서 드러낸 점이 이덕무의 소품문과 상당히 유사하다. 문인들이 자신과 자신 주변의 일상에서 펼쳐지는 다양한 삶의 모습, 내면의 진솔한 소리를 격식이나 형식에 구애받지 않고 자유롭게 쓴 글이라 할 때, 이와 같은 점이 개화기 단편서사문학의 여러 작품의 양상과도 비슷하다 하겠다.

그러나 이러한 연구가 갖는 한계는 분명히 있다. 개화기 단편서사문학 대부분의 작품들이 조선 후기 소품문과 모두 같은 특성을 갖는다고 하기에는 어렵다. 각 작품들 사이의 미세한 차이와 작가들만의 개성적 글쓰기가 있음을 인정하면, 처음부터 시간을 뛰어넘은 두 서사 양식(소품문과 개화기 단편서사문학)을 비교하는 것 자체가 불가능한 일인지도 모른다. 그런데도 이 둘 사이의 비교를 통해 알 수 있는 것은 '단문(短文)'이라는 형식상의 뚜렷한 공통점과 자아의 각성과 생활의 발견이라는 내용상의 깊은 친연성을 무시할 수 없다는 점이다. 특히 개화기 다른 서사 양식인 담론체 서사물이나 신소설, 번안소설 등과 다른 단편서사문학에서 조선후기 소품문과 밀접한 상관성을 발견할 수 있는 것은 개화기 단편서사문학이 형성되는 데 있어서 조선후기 소품문이 일정한 영향을 끼쳤음을 알 수 있는 중요한 대목이 된다. 특히 이덕무의 소품문 중 개화기 단편서사문학에서 볼 수 있는 특성이 많이 발견되는 것은 박지원이나 허균, 심려 등의 작가에서 이와 같은 현상을 예견할 수 있는 중요한 단초가 된다. 차후 연구를 통해 이와 같은 점을 발견하고 심도있게 연구하도록 하겠다.

## 참고문헌


### 1. 1차 자료

이덕무, 「이목구심서(1)」, 『국역청장관전서』 8, 민족문화추진회, 1980, 41~42면.

李德懋, 「與李洛瑞書九書」, 『雅亭遺稿』 劵6, 章1.

이덕무, 「蘚書齋詩集序」(윤광심 편, 『병세집』 국립중앙도서관 소장 사본).

### 2. 소품문 관련 참고 문헌

강명관, 「연암 박지원과 공안파」(한국고전문학회 발표요지, 2003.2)

______, 「李德懋 小品文 硏究」, 『고전문학연구』 22(한국고전문학회, 2002)

______, 「이덕무와 공안파」, 『민족문학사연구』 21(민족문학사학회, 2002)

______, 「문체와 국가장치: 正祖의 文體反正을 둘러싼 사건들」, 『문학과 경계』 2(문학과 경계, 2001)

______, 「許筠과 明代文學」, 『민족문학사연구』 13(민족문학사연구소, 1998)

______, 「조선후기 한문학 연구의 새로운 지평 모색」, 『한국한문학연구』 19(한국한문학회, 1996)

강혜선, 「김려의 패관소품문 연구」, 『한국 고전소설과 서사문학』(집문당, 1998)

권정원, 「이덕무 초기 산문의 공안파 수용양상 연구」(부산대 한문학과 박사학위논문, 2006)

권정원, 「青莊館 李德懋의 尺牘 硏究」(부산대 석사학위논문, 1996)

金 億, 「藝術的生活(H군에게)」, 『學之光』 6호, 1915, 61면.

김광섭, 「금릉 남공철의 문학관과 작품 세계」(고려대 석사학위논문, 2001)

김도연, 「고문의 문체연구: 연암체를 중심으로」, 『한국학논총』 6(국민대 한국학연구소, 1984)

김성진, 「조선후기 문인들의 생활상과 소품체 산문」, 『한국 고문의 이론과 전개』(태학사, 1998)

______, 「稗史 · 小品의 성격과 실체」, 『한국한문학연구』 19(한국한문학회, 1996)

김영민 · 구장률 · 이유미, 『근대계몽기 단형 서사문학 자료전집(상 · 하)』, 소명출판, 2003.

김영진, 「조선후기의 명청소품 수용과 소품문의 전개양상」(고려대 박사학위논문, 2004)

______, 「『우초신지』 판본 연구」, 『신진문철』(신진문철간행위원회, 2002, 월인)

______, 「孝田 沈魯崇 文學 硏究」(고려대 석사학위논문, 1997)

______, 「효전 심노승 산문 연구」, 『민족문학사연구』 11(민족문학사연구소, 1997)

김용남, 「漢源 盧兢과 그의 小品文一攷」, 『개신어문연구』 24(개신어문학

회, 2006)
김하라, 「洛下生 李學逵 서간문의 自己敍事的 특성」, 『민족문학사연구』 27(민족문학사학회, 2005)
김현경, 「남공철의 척독 연구」(한국교원대 석사학위논문, 2006)
배미정, 「신정하 척독의 즐거움과 아름다움」, 『문헌과해석』 27(문헌과해석사, 2004 여름)
______, 「朝鮮後期 尺牘文學의 流行과 그 背景: 신정하를 중심으로」(한국정신문화연구원 석사학위논문, 2003)
卞榮魯, 「主我的 生活」, 『學之光』 20호, 1920, 55면.
실사학사 고전문학연구회, 『조희룡전집』(전6책, 한길아트, 1998); 『역주 이옥전집』(전3책, 소명출판, 2001)
심경호, 「朴趾源과 李德懋의 戱文 交換에 대하여」, 『한국한문학연구』 31(한국한문학회, 2003)
______, 「박지원과 이덕무의 척독에 대한 일고찰」(한국한문학회 발표요지, 2002년 동계)
______, 『한문산문의 미학』(고려대출판부, 1998)
안대회, 「李學逵의 小品文」, 『현대시학』(현대시학사, 2004.5)
______, 「李德懋 소품문」, 『현대시학』(현대시학사, 2003.1)
______, 「李德懋 小品文의 美學」, 『고전문학연구』 24(한국고전문학회, 2003)
______, 「盧兢 小品文攷」, 『한문학보』 6(우리한문학회, 2002.6)
______, 「더 이상 짧을 수 없는 편지: 박지원의 척독소품」, 『문학과경계』 3(2001, 가을)

______, 「조선후기 소품문의 성행과 글쓰기의 변모」(2001)

______, 「李用休 小品文의 美學」, 『한국학논집』 34(한양대 한국학연구소, 2000)

연세대 근대한국학연구소, 『근대계몽기 단형 서사문학 연구』, 소명출판, 2005.2.

우정권, 『한국 근대 고백소설의 형성과 서사 양식』, 소명출판, 2004, 79~102면.

윤재민, 「文體反正의 再解釋」, 『고전문학연구』 21(한국고전문학회, 2002)

이광수, 「懸賞小說考選餘言」, 『靑春』 12호, 1918, 99면.

정　민, 「18세기 산수유기의 새로운 경향」, 『18세기 연구』 제4호(한국18세기학회, 2002)

______, 「燕巖 尺牘小品의 문예미」(한국한문학회 발표요지, 2002년 동계)

______, 『비슷한 것은 가짜다』(태학사); 『마음을 비우는 지혜-明淸淸言』(솔, 1997); 『한서 이불과 논어 병풍』(열림원, 2000)

홍인숙, 「李德懋 척독 연구: '내면' 혹은 '사적 자아'의 발견」, 『한국한문학연구』 33(한국한문학회, 2004)

### 3. 근대서사에 관한 참고문헌

권영민, 『서사양식과 담론의 근대성』, 서울대출판부, 1999.

김병철, 『한국 근대 서양문학 이입사 연구』, 을유문화사, 1989.

김복순, 『1910년대 한국문학과 근대성』, 솔, 1999.

김영민, 『한국근대소설사』, 솔, 1997.

김영민·구장률·이유미 편, 『근대계몽기 단형 서사문학 자료전집(상·

하)』, 소명출판, 2003.
김용구, 『한국소설의 유형학적 연구』, 국학자료원, 1995.
김윤식, 『韓國近代小說史硏究』, 을유문화사, 1986.
김현, 김윤식, 『한국문학사』, 민음사, 1973.
김현실, 「1910년대 단편소설 연구」, 이화여대 박사학위논문, 1988.
나병철, 「애국계몽기의 민족인식과 탈식민주의」, 『비평문학』 13호, 한국비평문학회, 1999.
민족문학사연구소 편역, 『근대계몽기의 학술 문예 사상』, 소명출판, 2000.
민족문학사연구소, 『한국 근대문학의 형성과 문학 장의 재 발견』, 소명출판, 2004.12.
양문규, 『한국근대소설사연구』, 국학자료원, 1994.
연세대 근대한국학연구소, 『근대계몽기 단형 서사문학 연구』, 소명출판, 2005.2.
연세대 근대한국학연구소 기초학문팀, 『한국근대서사양식의 발생 및 전개와 매체의 역할』, 소명출판, 2005.8.
이동하, 「한국근대소설의 정착화 과정에 대한 고찰」, 『한국학보』, 1983.
조남현, 「한국 근대소설 형성 과정과 작가의 초상」, 유종호 외 31인, 『현대한국문학100년』, 민음사, 1999.

## 주요작가별 소품 수록 저서 목록

權常愼 저, 『西漁遺稿』, 필사본 4책, 규장각.

金 鑢 저, 『藫庭遺稿』, 민족문화추진회 한국문집총간289.

_____ 편, 『藫庭叢書』, 필사본 34권17책, 통문관.

南公轍 저, 『金陵集』, 민족문화추진회 한국문집총간272.

盧 兢 저, 『漢源集』, 후손영인본, 1976.

朴齊家 저, 『貞蕤集』, 국사편찬위원회, 1961.

_____ 저, 『貞蕤閣全集』, 여강출판사, 1986.

_____ 저, 『楚亭全書』, 아세아문화사, 1992.

朴趾源 저, 『燕巖集』, 민족문화추진회 한국문집총간252.

_____ 저, 신호열, 김명호 역, 『국역 연암집』 1・2, 민족문화추진회, 2004~2005.

沈魯崇 저, 『孝田散稿』, 필사본 38책, 연세대.

_____ 저, 『孝田散稿(南遷日錄)』, 필사본 20책, 국립중앙도서관.

沈能淑 저, 『後吾知可』, 필사본 6책, 후손가장본.

沈翼雲 저, 『百一集』, 필사본 2책, 규장각.

兪萬柱 저, 『欽英』, 규장각자료총서, 1997.

李德懋 저, 『靑莊館全書』, 민족문화추진회 한국문집총간257~259.

_____ 저, 『국역 청장관전서』, 민족문화추진회, 1978~1982.

李 鈺 → 이옥의 산문들은 대부분 김려의 『담정총서』에 수록되어 있음.

李 鈺 저, 실시학사 고전문학연구회 역주, 『역주 이옥전집』 1~3, 소명출판, 2001.

李用休 저, 『惠寰雜著』, 필사본 6책, 국립 성호문고(『근기실학연원제현집』 所收).

______ 저, 『탄만집』, 민족문화추진회 한국문집총간223.

趙熙龍 → 『石友忘年錄』, 『壺山外史』 등의 저서에 산재.

趙熙龍 저, 실시학사 고전문학연구회 역주, 『조희룡전집』 1~6, 한길아트, 1999.

# 1930년대 유흥문화 내러티브의 스토리뱅크

## 1. 들어가는 말

### 1.1. 유흥문화

현재 도시인들은 커피숍이나 술집과 같은 '유흥'의 공간에서 사람을 만나고, 백화점이나 상점과 같은 '소비'의 공간에서 각종 다양한 상품을 구매하고, 영화관이나 노래방 등과 같은 '오락'의 공간에서 여흥을 즐긴다. 유흥과 소비, 오락이 모두 공존하는 도시에서 도시인들은 자신들만의 문화를 만들어내고, 그 문화 속에서 자신의 존재성을 확인한다. 각종 기호와 상징, 그리고 언어 등으로 표현되는 기호 체계와 그 밖의 다양한 스토리로 나타난 담론 체계 등이 도시문화를 이루는 요소가 된다. 이와 같은 요소들로 된 도시문화의 역사성과 동시성이 오늘날 도시적 삶의 기원과 맥락을 이해하는 데 있어서 중요한 지표가 된다. 도시의 이들 공간 중에서 유흥의 공간에서 생겨난 유흥 문화는 향유자가 이곳에서 있었던 일들을 몸으로 체험하고 기억하는 특성을 지닌다. 인간 내면에 감춰진 욕망이 즉각적으로 드러나고, 그러한 발산 행위가 공동체 속에서 일정한 패턴을 지니면서 오랜 시간 동안 개인과 공동체의 기억의 프로그램에 의해 문화적 속성들이 전해지고 있다. 어쩌면 도시문화가 갖고 있는 도시인의 모습이 오락과 소비문화보다 유흥문화에서 더 잘 드러날는지 모른다.

그동안 많은 시간이 흘렀는데도 오늘날 도시의 현대인들이 술 마시고 이야기 나누는 패턴과 방식, 그리고 그 속에 있는 인간들의 모습이 30년대 경성에서 형성되었던 모습과 상당히 유사하다. 한국 근대 도시 대중문화의 원형이 30년대 경성에 있는 게 아닌가 할 정도로 시간을 초월하여 상당히 유사하다. 그와 같은 점을 본격적으로 고찰하기 이전 한국 근대에 대한 담론과 모던에 대한 해석을 살펴보면 다음과 같다.

근대란 산업 자본주의의 형성, 과학적 이성의 발달, 민족국가의 건설, 도시의 형성 등과 같이 '거대담론' 중심으로 설명할 수 있고, 그에 반해 일상적 생활, 소비 향락자의 등장, 개인과 주체의 형성과 같이 '미시담론'으로도 볼 수 있다. 1900년대 개화와 계몽의 시대에서는 근대를 거대담론 중심이었다면, 1920~30년대는 미시담론 중심이었다고 할 수 있다. 그러면서 이들 담론은 변증법적 이중성을 띠고 있었다. 발전과 진보라는 희망의 메시지가 있었다면, 그 반면에 타락과 퇴폐라는 암울의 메시지도 있었다. 근대에 대한 이러한 담론과 성격의 이중성은 경성이라는 도시 속에 잘 구현되어

나타났다.[1)]

30년대의 경성은 도시의 다양한 근대적 문화 속에서 이중성이 잘 드러났다. 근대적 경성의 문화는 교통, 거리, 건축 등과 같은 생산적 구체물과 다방, 백화점, 극장, 공원 등과 같은 소비적 구체물이 공존하는 속에서 형성되었다. 그러면서 후자의 소비적 구체물을 통해 근대적 도시인의 삶의 가치 체계가 형성되었다. 도시의 외형적 경관보다는 도시인 각자의 삶의 경험을 공유하면서 하나의 공동체 문화를 형성하는 것에서 자신의 존재성을 더 찾을 수 있다. 그러한 공동체 문화를 두고 대중문화라 할 수 있다. 30년대의 경성에 살았던 도시인들은 자신의 존재성을 대중문화 속에서 구현하고 있었다.[2)]

대중문화는 산업자본주의에 의해 각종 다양한 문화 공간이 형성되고, 그 속에서 문화상품을 소비하고 향유하는 대중이라는 계

---

1) 경성 문화에 대한 이중성을 식민지적 현실에 의해 생겨난 현상이라는 특수성을 논의하기 이전 도시라는 보편성에서 보면, 일본과 파리, 런던 등의 도시에서 나타난 현상과의 비교 고찰은 필요로 하다. 그러므로 본고에서는 이와 같은 도시의 특수성과 보편성의 문제를 모두 논의하기에는 논지 방향이 달라지고, 그것을 다루기에는 지면이 허락하지 않으므로 다른 논의 자리에서 이 부분을 밝히도록 하겠다.

2) 최근 몇 년 사이 30년대 경성에 대한 연구는 이러한 맥락에서 이뤄졌다. 지금까지 식민지 근대 문화 및 근대성에 대한 추상적, 연대기적 접근을 넘어서 대중과 일상이라는 코드 속에서 30년대 경성을 살펴보았다. 근대라는 패러다임의 구체적인 발현 양상을 신문이나 잡지와 같은 대중 매체 속에 등장하는 구체적인 근대 체험들을 통해 살펴본 김진송의 연구, 신문에 실린 만문만화(漫文漫畵)라는 양식을 통해 1920~30년대 식민지 조선의 현실을 해부하고 근대를 바라본 신명직의 연구, 이러한 연구는 한국의 근대 모던 문화의 단면을 미시적 담론에 의해 살펴봄으로써 근대와 도시, 그리고 문화에 대한 구체적 담론을 가능하게 하였다.

층이 만들어지면서 근대의 이중성이 드러났다. 대중문화가 공간을 중심으로 펼쳐지면서 그 속의 문화 양상은 추상적으로 나타났지만, 대중매체가 등장을 하면서 대중문화가 구체적인 실체를 갖게 되었다. 신문, 라디오, 영화관, 출판 및 잡지 등의 대중매체의 등장은 대중문화의 양상을 사실적이며 구체적으로 볼 수 있게 하였다. 한국에서 근대적 도시의 대중문화가 1930년대 경성에서 꽃을 피운 것이다. 그러면서 그 속에는 타락과 퇴폐라는 암울의 메시지도 공존하였던 것이다.

30년대 경성의 유흥 공간,[3] 즉 카페, 다방, 살롱, 댄스홀 등에 나타난 근대적 도시의 대중문화는 현대인들의 도시적 삶을 구체적으로 보여주는 점과 한국 유흥문화의 원형성을 볼 수 있는 점에서 연구 가치와 의의는 크다 하겠다.

---

3) 극장, 백화점, 카페, 패션, 거리풍경, 음악 등 식민지 조선의 도시 일상의 풍속을 드러내는 다양한 양상들에 대한 연구들이 시도되었다. 김연희는 식민지 시대 '카페'라는 공간이 지니는 사회문화적 의미를 다각적으로 고찰하였으며, 서지영은 요리집이나 카페와 같은 유흥 공간 속에 배치된 기생 · 카페 여급에 대해 연구하였다. 식민지 시대 다방의 역사를 통시적으로 다룬 연구로 강준만 · 오두진이 있으며, 손유경은 다방이 식민지 당대 문인들에게 끼친 문화사적 의미를 고찰하였다. 그밖에, '도박', '백화점', '유행'이라는 키워드로 식민지 시대를 설명하는 강심호의 논의, 식민지 시대 데카당 문화를 언급한 소래섭의 논의, 신여성들을 중심으로 파급된 근대패션에 관한 논의로 김주리의 연구, 근대결혼문화를 상징하는 '스윗홈'이라는 키워드를 통해 식민지 풍속을 밝힌 백지혜의 논의, 도시공간을 채우는 각종 소리들에 주목하여 근대의 풍경을 드러낸 이승원의 논의, 식민지 당대 백화점의 문화사적 의미를 밝힌 김인호의 연구가 있다.

## 1.2. 연구 대상

1930년대 경성의 유흥공간에 나타난 대중문화를 찾아보기 위해 신문이나 잡지, 출판 같은 대중매체와 소설과 같은 문학작품을 살펴볼 수 있다. 본 연구의 큰 목적은 30년대 경성의 유흥문화를 스토리뱅크로 구축하여 문화콘텐츠를 개발할 수 있는 가능성을 만드는 데 있다. 그렇게 하기 위해 사건 중심으로 되어있으면서 스토리의 구성 요건을 잘 갖추고 있는 신문의 기사를 먼저 살펴보겠다. 신문이 갖고 있는 사실성을 먼저 고찰한 뒤 문학 작품이라는 허구성을 살펴봄으로써 사실과 허구를 넘나들면서, 그 속에 담긴 유흥문화의 인문학적 사유의 지평을 확대 시켜 나가도록 하겠다.[4] 그러한 사실을 『동아일보』를 중심으로 살펴보겠다.[5]

『동아일보』에는 1927년 6월 15일자 '「카페」 嚴重團束 본뎡서의 텰퇴'부터 1940년 5월 5일자, 2면에 실린 '京城驛에 또 試案-喫茶店을 撤廢하고 待合室로 使用할 터[Sic 전보의 취급시간 개정]'까지 총 161편의 기사가 실렸는데, 이들 신문들을 공간, 인물과 사건 중심으로 분류하였다. 이들 기사들이 서사물의 일종이기 때문에 서사의 기본 요소인 '공간', '인물', '사건'을 연구의 하위 항목

---

4) 본 연구는 일련의 연속성을 갖고 있다. 본고 이후 『조선일보』, 『매일신보』 등의 신문과 문예잡지 글을 살펴보고, 그런 뒤 소설 작품을 중심으로 살펴보겠다. 이런 연구가 끝난 뒤에는 인문학과 공학, 예술학과의 융합에 의한 문화콘텐츠 개발이 구체성을 띠게 될 것이다.

5) 『동아일보』에 160여 편, 『조선일보』에 180여 편, 『매일신보』에 30여 편 정도 실렸다.

으로 삼은 것이다. 이와 같은 분류를 통해 1920~30년대 경성의 유흥 공간, 즉 카페와 다방, 살롱, 댄스홀 등에서 벌어졌던 다양한 사건들과 그것에 관련된 인물들을 살펴봄으로써 근대 체험의 장으로서의 의미를 살펴볼 수 있을 것이다. 또한 근대 도시문화의 표상 문제를 '공간'·'인물'·'사건'이라는 일상의 구체적인 층위를 통해 접근함으로써 근대성(모더니티)의 새로운 국면을 탐색하게 될 것이다.

## 2. 1920~40년대 『동아일보』에 실린 경성의 카페 문화

### 2.1. 공간

1930년대 경성의 대중문화 공간은 오락으로서 즐기는 대상이 됨과 동시에 향락적이며 소비적이고 일탈적인 모습을 함께 갖고 있었다. 이중에서 유흥 공간인 카페, 다방, 살롱, 댄스홀 등이 당시 대중문화를 주도하고 있었다.

다방은 1927년에 영화감독 이경손이 열었던 관훈동에 개업한 <카카듀> 이후 예술가와 문인, 학생, 인텔리 샐러리맨들의 휴식처이자 사교 공간으로 자리잡았다. 카페가 술과 재즈, 여급의 서비스 등 보다 향락적 욕구를 제공하였다면, 다방은 유럽풍의 장식과 클래식 음반, 커피 등으로 인텔리 문인과 예술인들의 고상한 사교·

예술 취미를 충족시켜주었다. 당시 다방의 메뉴에는 '킹어푸킹', '화잇호어스', 고히[커피], 가루삐스, 포스톰, 레몽차[레몬티], 코코아, 홍차, 아이스컵피[아이스고히], 칼피스, 파피스 등이 있는 것을 볼 때, 서구 문화가 경성의 유흥문화 깊숙이 자리 잡고 있었음을 볼 수 있다.

살롱문화의 흔적들은 경성의 여러 곳에서 찾을 수 있다. 당시 서구적이면서 고급한 문화 취향을 바탕으로 예술가나 문인, 지식인들의 사교 공간의 역할을 했던 '다방', 유사한 정치적 지향성을 지니는 친목단체인 '구락부(클럽)', 예술・문예단체인 '동인회', 유흥적 성격이 농후한 '요리점'이나 '카페' 등이 각각 부분적으로 프랑스 살롱문화의 양상을 포함하고 있다. 경성의 살롱문화는 프랑스와 똑 같은 양상을 띠고 있지는 않았고, 일본과 같이 주점으로서의 성격만을 갖고 있지 않고 다방, 구락부, 동인회, 카페 등으로 분화된 모습을 띠고 있다.

댄스홀이 일본을 경유하여 식민지 조선으로 들어왔는데, 이곳에서는 당시 사람들은 소위 '사교 땐스'라는 서양춤을 추었다. 당시 댄스홀은 규모가 큰 경우 전속 댄서와 재즈밴드를 가지기도 했는데, 일반 청춘 남녀들뿐 아니라 기생이나 여급들도 유흥을 즐겼던 도시 문화공간으로 각광받았다. '댄스홀'과 관련된 모던어로 '레뷰', '탱고', '왈츠' 등이 있는데, 이 가운데 '레뷰'는 18~19세기 프랑스에서 유행한 춤으로 일본을 통해 경성에 유입되었으며, 1930년대 경성에서 댄스홀 외에 악극이나 막간극, 곡예단을 통해 소개되었다.

카페는 일본 '내지'의 성격과 거의 유사하다. 1930년대에 도시 경성의 카페는 서구적 기호물(커피와 양주, 서양음식, 째즈, 사교춤)과 이를 매개하는 '여급'(웨이트레스, 카페걸)을 중심으로 새로운 유흥 풍속을 형성하였다. 당시 카페의 내부 장식은 서구식과 일본식의 혼합적 분위기이었으며, 위스키와 일본술(아사히, 삿포르 맥주), 째즈와 블루스, 유행가, 신민요 등의 다국적 음악으로 채워졌다. 카페이름은 남촌의 경우 일본식(銀座, 赤玉 등)을 따르지만, 북촌의 경우 '낙원', '목단', '엔젤', '평화' 등 영어와 한국어가 혼합된 형태이다. 카페여급 또한 식민지 근대의 문화적 혼성물이라 할 수 있다. 1930년대 카페에서 통용되었던 '모던어'로서 빽토라, 빽스, 아사히 · 삿포르 맥주(삐루), 위스키, 빅타-컬롬비아(음반), 전기레코드, 네온사인, 팁, 에로서비스, 기타, 색소폰, 폭스트롯트, 칵테일 등이 있다.

경성의 카페 수가 1932년을 기준으로 하였을 때 대략 30여개[6] 된다. 가장 많이 분포되어 있는 곳이 종로인데, 종로 1정목에 백마, 2정목에 낙원, 엔젤, 백령, 4정목에 신세계, 향락, 그리고 牧丹

---

6) 「카페 경영망 북촌에 진출, 음식점수가 굉장히 늘어 작년보다 삼배격증」, 『동아일보』, 1932년 5월 5일, 2면.
종로서 관내의 음식점은 1931년 말에 280개소였다. 이것이 4개월이 지난 1932년 봄, 48개소가 증가하여 총 328개소가 되었다. 그 중에서도 현저한 증가를 보인 것은 카페로서 6개소에서 17개소가 되었고 카페와 비슷한 업소도 30여 개소가 증가하였다. 카페의 증가 요인은 일본인들이 북촌으로 진출하였기 때문이다. 예전에는 일본인이 운영하는 카페가 존재하지 않았었는데, 1932년에는 17개소의 카페 중에 5개소를 뺀 12개소를 일본인이 운영한다.

과 평화 등의 카페가 있었다. 관철통에는 종로회관, 올림픽, 왕관 등이 있었으며, 명치정(현재 을지로 2가와 명동)에는 마루비루, 조일 등이 있었다. 황금정(현재 을지로)에는 은송정, 릴리 등이 있었고, 본정에 白蝶, 영락정에 바론, 스즈랑 등이 있었다. 『동아일보』에 실린 카페 중 가장 많이 등장하는 곳이 엔젤 카페이다. 엔젤 카페의 도면을 보면 별실이 1층, 2층 합하여 30여 개 이상 되었다고 하며, 여급의 수가 1934년 경성에 2,489명[7]이었다고 한 점으로 볼 때, 대략 200여 명 이상 되지 않았을까 추정해 볼 수 있다. 이런 카페에서 지불해야 할 유흥비는 카페에서 보통 한 잔의 술을 마시는 들어가는 비용이 보통 1인당 10.5원 정도 들어갔다고 하니 현재 화폐가치로 환산하면 23만원 정도 된다. 당시 카페의 외관과 내부 장식을 볼 수 있는 사진 자료들은 다음과 같은 자료에서 확인할 수 있다.

## 2.2. 인물

1920~30년대 경성에서 근대적인 도시 문화를 가장 잘 표상하고 있는 사람들이 등장하였다. 이들은 도시 문화에 대한 개별적이며 동시에 집단적인 체험의 주체가 되었고, 이들에 의해 각기 다양한 일상적인 일들이 경성의 고유한 문화를 표상하게 되었다. 이들은 카페 여급, 학생, 샐러리맨, 지식인 문사 등이다.

---

7) 「카페에 철퇴-자극제 홍등도 엄금」, 『동아일보』, 1934년 9월 15일, 2면.

### 2.2.1. 여급

#### 2.2.1.1. 사랑

카페 여급이 자신의 신분을 속이고 회사원과 사랑을 하여 결혼을 하려고 하였는데, 결국 회사원에게 자신의 신분이 드러나 파혼을 당하기도 한 사건이 벌어졌다.[8] 이와 같은 사건이 당시 경성부내에서 비일비재하게 일어났으며, 그 속에서 당시 카페 여급이 유흥가의 술집 작부였지만 그래도 한 인간으로서 사랑에 대해 갈구하는 마음이 강했음을 알 수 있다. 심지어 사랑하는 남자와 결혼하기로 하였는데, 그 남자가 결혼하여 주지 않자 비관하여 자살을 기도한 사건[9]도 일어났다. 이 밖에 여러 기사에서 카페 여급들이 이뤄질 수 없는 사랑을 하고 자살을 기도한 사건들이 수도 없이 일어났다. 한강 十三번지 「모던카페」 군자가 사랑의 실패로 인해 머리에 물들이는 약 '유리와'를 마시고 자살을 기도[10]한 것부터 시작하여 신천지(新天地)의 여급 에리나(본명 김정숙(19))가 가정이 있는 사람과 사랑에 빠졌으나 결국 버림을 받자 자살을 도모[11]한 것에 이르기 까지 실연과 자살은 긴밀한 상관성을 가졌다. 여급의 애정 상대자가 회사원, 학생, 유부남, 룸펜 등의 다양한 계층의 사람들이었는데, 이들과 순수하고 아름다운 사랑을 하기도 하였지만, 때

8) 「삼아사속 오십전군과 부호양」, 『동아일보』, 1929년 11월 19일, 4면.

9) 「낙원회관」의 여급 이정옥이 자살을 기도하였다. 「百年芳盟水泡 情郎結婚하자飮毒-낙원회관 카페의 여급 紅燈의 봄을 등지고」, 『동아일보』, 1934년 4월 15일, 석간 2면.

10) 「女給이 飮毒」, 『동아일보』, 1934년 4월 8일, 2면.

11) 「自殺에도 競爭」, 『동아일보』, 1933년 11월 14일, 2면.

로는 사랑이라는 이름으로 이용을 당하기도 하였다.[12] 카페 여급의 낭만적이면서 아름다운 사랑은 당시 사회의 문화적 코드였던 것이다.

2.2.1.2. 자살

카페 여급들 중에서 신교육을 받은 여성들이 많았고, 결혼 후에도 카페 여급 생활을 하기도 하였다. 그렇지만 결혼 생활이 아무래도 순탄하지 않았다. 엔젤 카페 오래된 인기 여급인 유순자가 가정불화로 인해 한강에 투신 자살[13]했으며, 또 다른 여급인 태전문자(21) 역시 가정 불화로 자살[14]하였다. 이들을 두고 당시 기사에는 '문자(文字) 여급'이라고 하였다.

여급의 생활은 겉으로는 아주 화려해 보였지만, 그 이면에는 사회적으로 낮은 대우를 받았다. 어릴 때부터 음식점, 빠, 다방 등의 여급으로 일하기도 하였고, 가난을 이겨내지 못한 유부녀가 자식과 남편을 버리고 카페 여급이 되기도 하였다. 그러면서 카페 주인으로부터 월급을 착취당하고, 생활에 있어서도 제한적이었다. "왕

---

12) 엔젤 카페의 여급 이성자가 어느 남자와 동거를 하였는데, 이 남자는 다른 여급과 바람을 피고 자신의 돈 천여원(현재 약 2천 3백여만원)도 소비하여 이성자가 자살을 기도하였다.
「사랑이 원수로 정산은 정수에-피섞인 돈 천원만 날아가 카페에 피고인 홍련」, 『동아일보』, 1933년 7월 22일, 2면.

13) 「月下의 漢江波에 女給投身自殺-이것도 엔젤 카페의 여급 原因은 家庭不和로」, 『동아일보』, 1933년 11월 2일, 석간 2면.

14) 「카페에 進出햇다 悲觀코 自殺-탕크 부근 투신자살자 신원판명 家庭不和가 그 原因」, 『동아일보』, 1933년 12월 30일, 석간 2면.

관 카페 여급 가나리아가 손님이었던 모지물상 주인과 함께 자동차를 타고 시내 드라이브를 하다가 용산시 앞에서 용산시원에게 발견되어 카페 주인이 시말서를 쓰고 엄중설유를 한 후 돌려보냈다"[15]는 기사 내용을 보면 카페 여급들이 손님과 함께 바깥나들이를 다니면 안 되는 것이었음을 알 수 있다. 또한 집에서 출퇴근하지 말고 카페에서 합숙하여야 한다는 규정도 있었음을 볼 때, 이 당시 카페 여급들이 생활의 자유에 있어서 상당히 제약이 심하였음[16]을 알 수 있다. 그러면서 어떤 여급들은 생활을 비관하여 자살하는 경우가 자주 생겨났다. 종로 三정목 '백령'(白鈴)카페 여급 김옥순(18)[17]이 그러하고, '아리랑'의 여급 김죽자(19)[18] 역시 여급 생활의 고달픔을 이겨내지 못하여 자살을 한 것이다. 이들 나이가 아직 20세도 안 된 점에서 이들의 삶이 얼마나 비극적이었는지를 엿볼 수 있다.

2.2.1.3. 다양한 모습

카페 여급들은 미모를 미끼로 사기를 치기도 하였다. 구영자라는 당시 최고의 미모를 자랑하던 카페 여급이 종로 일대의 카페인

---

15) 「드라이브하다가 女給이 取締當해」, 『동아일보』, 1934년 2월 20일, 석간 2면.

16) 제한적인 삶에 못 이겨 군산부 경정 一四번지 전촌카페에 여급으로 있던 일본 여자 긴개엽자, 수정영자, 전사스고에, 긴촌구자, 횡산구자는 5명이 자취를 감추는 일도 있었다.
「카페의 女給 五名連袂逃走」, 『동아일보』, 1935년 7월 12일, 석간 2면.

17) 「白嶺 카페 女給 "人生의 谷"에서 自殺, 앞에 希望燈 안보여-진실한 자아(自我)를 발견한 여급의 가는 길」, 『동아일보』, 1937년 11월 14일, 석간 2면.

18) 「카페 아리랑 女給情死未遂」, 『동아일보』, 1933년 7월 22일, 2면.

'왕관'과 '올림픽' 등의 카페에서 전차금 형식으로 60원내지 1백여 원씩을 선불로 받고 웃음을 팔다가 도망가는 상습적 사기[19] 사건이 벌어졌다. 그리고 종로 4정목에 있는 '향락' 카페 여급이 길거리에서 고성방가를 저지르다가 경범죄로 체포되는 일[20]들이 허다하였다. 이처럼 카페 여급들이 경성 부내의 다양한 사건의 주인공이 되는 일이 많아졌다. 그런 중에서 좌경 운동가로 있으면 카페에서 위장 취업하여 일한 여급도 있었다. 어느 남녀가 경범죄로 체포되었는데 두 사람 중에서 남자, 길영철은 큰 죄목이 없었는데, '능자'는 어떤 카페에서 여급생활을 하며 좌경(左傾)운동자들과 긴밀한 관계를 가지고 운동에 가담했다.[21]는 것이다.

### 2.2.2. 자영업자 또는 샐러리맨

카페를 찾았던 이들은 이곳에서 여급들과 가벼운 연애를 나누거나 술을 마시면서 도시인의 일상적 시름을 잊었다. 하지만 술에 취한 이들이 각종 사건과 사고에 연루되면서 카페가 범죄의 온상이 되기도 하였다. 카페의 유흥에 빠져 공금을 횡령한 이가 있고,[22] 카페 여급에 미친 시계점 점원이 고급 사진기를 훔쳐 유흥비로 탕진한 일[23]도 있었다. 심지어 카페 여급과 사랑을 하였으나,

---

19) 「미모를 기화로 '카페'들 사취」, 『동아일보』, 1935년 12월 19일, 석간2면.

20) 「대취한 향악카페 녀급 로상에서 발악」, 『동아일보』, 1934년 12월 27일, 석간 2면.

21) 「대련에서 잠입한 청년남녀검거 카페녀급을 엇든 녀자 경찰부돌연대활동」, 『동아일보』, 1932년 5월 19일, 2면.

22) 「카페出入에 亡身한 靑年」, 『동아일보』, 1934년 2월 16일, 석간 2면.

23) 「카페에 미처-寫眞機 훔처」, 『동아일보』, 1938년 5월 8일, 2면.

그녀가 변심을 하자 칼로 그녀를 죽이고 자신도 자결한 이리역 검차구원[24]도 있었다. 한편 카페 내에서는 폭력과 폭행이 벌어지기도 하였다. 모 흥신소에 근무하는 김동욱이라는 이는 술이 취하여 여급을 폭행하여 감옥에 갔고,[25] 그 반대로 술값 때문에 카페 사람들과 싸우다가 카페 여급에게 맥주병으로 맞은 개척사(開拓社) 주인 윤덕중(尹德重)이란 사람도 있었다.[26]

### 2.2.3. 예술인과 학생

예술인들은 돈이 없어서 그런지 카페 보다는 상대적으로 유흥비가 많이 들지 않는 다방을 더 많이 출입하였는데, 이들을 두고 본업을 팽개쳤다고 비판하는 글이 신문에 연재되기도 하였다.[27]

학생들은 카페 출입이 금지되었다. 그런데도 당시 학생들은 카페의 주요 고객이었다. 당시 학생이 전체 인구에서 차지하는 비율이 고작 2%도 채 안 되는 데도 카페 한 구석에는 경성제대 복장을 한 학생이 술을 마셨고, 여급과 로맨스에 빠지기도 하였다. 심지어 수업을 빼 먹고 카페에서 놀고 있는 학생들이 늘어나자 이들에 대한 일제 단속을 벌이기도 하였다. 그러면서 경성제대 복장을 한 가짜 학생이 늘어났고,[28] 이들은 카페에서 더 일탈적으로 놀았으며,

---

24) 「변심한 애인자살코 그 칼에 본인도 자문-이리역 검차구원과 카페껄, 리리야가에 류혈참극-치정의 원인」, 『동아일보』, 1934년 7월 1일, 석간3면.

25) 「'카페'에서 폭행-부내원동 금홍묵」, 『동아일보』, 1934년 11월 29일, 석간2면.

26) 「女給이 麥酒瓶들어 酒客面上을 亂打-全州 카페界의 話題거리」, 『동아일보』, 1938년 6월 2일, 석간 7면.

27) 「茶房과 藝術家[偵察機]」, 『동아일보』, 1935년 6월 6일, 석간 3면.

각종 폭행을 저지르고,[29] 위조지폐를 만들어 여급에게 주고 유흥비로 쓰기도 한 사건[30]이 벌어지기도 하였다.

## 2.3. 사건

1930년대 한국의 카페는 '에로서비스'를 제공하는 여급들을 중심으로 육체적 향락이 팁(금전)을 매개로 교환되면서 한편으로 자유연애가 다양한 방식으로 실험되는 특수한 공간이었다.

### 2.3.1. 풍기문란

카페에서 여급 · 웨이트레스들의 요염한 자태로 말미암아 젊은 남자들이 타락하고, 카페 홀에서의 춤을 추고, 이곳에 출입이 엄금된 학생들이 드나들면서 타락과 퇴폐의 온상지가 되었다. 이곳이 타락적이며 퇴폐적으로 된 가장 중요한 이유를 웨이트레스의 요염한 자태[31]로 보는 것이 많았고, 이것에 대한 경찰의 집중 단속이 이뤄졌다. 두 번째는 카페에서 춤을 추는 일이 많이 일어났다는 것이다. 카페에서 남녀가 손을 잡고 몸을 엉키어 춤추는 것을 엄금[32]했을 뿐만 아니라, 적옥경성회관에서는 손님과 더불어

---

28) 「假字大學生 「카페」에서 暴行」, 『동아일보』, 1935년 1월 23일, 석간 2면.

29) 「전문생작당 「카페」에서 폭행-종로서에서 전부검거코, 학교책임자소환주의」, 『동아일보』, 1934년 11월 22일, 2면

30) 「女給의 맘 끌려고 五圓紙幣僞造」, 『동아일보』, 1933년 11월 19일, 5면.

31) 「풍기문란의 대본영-「카페」를 집중단속-웨트레스 공포시대가 올 터」, 『동아일보』, 1929년 9월 29일, 9면.

32) 「「카페」에서 땐스를 嚴禁」, 『동아일보』, 1939년 4월 22일, 4면.

딴스를 한 것이 본정서원에게 발각되어 카페 주인이 본정서에 인치되었다[33]는 기사를 보면 당시 카페에서 춤을 추는 것이 금하였음을 알 수 있다. 세 번째로 풍기문란이 학생들에게 비롯되었음을 알 수 있는 기사들을 많이 볼 수 있다. '1935년 2월부터 새롭게 시행되는 취체법에는 카페나 빠에 학생출입을 금한다는 사항[34]이 들어가 있고, 카페에서 학생들의 카페출입을 금지하자 여급들이 학생들의 하숙집을 찾아다니다 발각[35]된 경우도 있으며, 학생들의 풍기문란을 취체하고 있음에도 학생들의 풍기문란이 극도로 심해져 본정서 고등계와 학생계가 함께 취체를 하기[36]도 했고, 경성 보도연맹에서 조사한 12월 중 중학생과 초등학생의 탈선적 행동이 점차 증가하며 그 중 극장과 카페 출입이 최다로 밝혀졌다'[37]는 등의 기사들을 볼 때, 풍기문란의 주범이 학생들에게 있었음을 알 수 있다.

카페가 풍기문란을 조장하는 곳이 되자 경찰당국에서는 카페를 취체, 단속하는 방침을 점차 강화하였다. 당시 단속을 하면서 금하였던 내용을 보면 다음과 같다.

---

33) 「춤추다警察에」, 『동아일보』, 1934년 3월 9일, 2면.

34) 「「카페」와 「빠」에는 學生勿入을 規定 女給도 團束 許可條件도 톡톡해 來月中 道令으로 規則發布」, 『동아일보』, 1935년 1월 23일, 2면.

35) 「平壤카페에도 學生은 絶對禁止-여급들이 하숙을 찾어다녀 營業者에게 嚴重警告」, 『동아일보』, 1935년 6월 30일, 석간 7면.

36) 「여름밤 "學生風紀" 카페, 빠, 劇場出入하며 醜態 解弛된 傾向에 警察이 監視」, 『동아일보』, 1938년 6월 10일, 2면.

37) 「학생 풍기 총결산 탈선행동 천이백건-객월 경성 보도련맹의 조사, 극장 「카페」 출입이 최다」, 『동아일보』, 1936년 1월 10일, 2면.

1. 영업소 외부의 장식을 화미케 할 것
2. 영업소 외부는 백색등으로 하여 용이하게 신문을 보도록 할 것
3. 홋구스의 일방은 광장에서 보이도록 개방 할 것
4. 혼합석 이외에 특별실을 설치치 못하게 할 것
5. 고성 축음기의 사용은 오후 11시까지에 한 할 것.
6. 영업시간은 특수지역을 제외하고는 야간 1시를 불초케 함.
7. 여급을 편입할 시는 동기, 교육정도를 상세히 청취하야 둘 것.
8. 여급은 부형에게서 통근하던 자를 제외하고는 옥내에서 합숙케 할 것.
9. 여급이 받는 팁은 전부 본인의 소득으로 하고 포식대와 기물손등의 배상에는 관계치 않도록 할 것.
10. 영업 중 댄스를 하지말것.[38)]

카페 영업자와 여급의 대우와 풍기방편에 달라진 취체법 16가지도 다음과 같다.

一, 카페 건물로는 三층을 제한으로 함
一, 점내에는 백색전등을 키어 신문의 작은 글자까지 보이도록 할 것

---

38) 「카페의 단속」, 『동아일보』, 1931년 9월 24일, 2면.

一, 일반 객실은 혼합식이나 구분식으로 카-텐을 칠 것

一, 전축 장소는 허가제한에 잇어 학교소재지로부터 백미트 밖에 세울 것

一, 확성기와 라디오는 오후 十시까지하며 무대장치 딴스, 등은 절대 허가치 아니 함

一, 의자는 일인용 이외는 허가치 아니 함

一, 영업시간은 오전 一시까지로 하고 특별한 경우에는 다시 정하기로 함

여급의 대우 풍긔방편

一, 여급의 써-비스는 두 테블에 一인제로 함

一, 손님들이 주는 팁은 전부 여급의 소득으로 함

一, 통근(通勤)여급은 보호자가 필요하며 오후 十二시까지에 한하야 출근 함

一, 파출(派出)여급은 종래의 ○이 허가증이 잇어야 여급일을 인증 함[39]

이와 같은 취체사항들은 카페의 풍기문란하고 퇴폐적인 행동들을 방지하고, 여급들을 보호하고자 만들었다. 이 외에도 요금부당 청구,[40] 저급한 광고,[41] 학생들의 카페 출입,[42] 여급의 수의 제

39) 「舞臺裝置와 舞踊은 嚴禁-의자는 꼭 一인용을 사용 카페 取締規則 改正」, 『동아일보』, 1933년 8월 21일, 석간 2면.

40) 「부당한 청구를 하는 각주보를 단속-황해도 손님 낙원카페서 봉변, 종로서에서 중재해결」, 『동아일보』, 1934년 9월 19일, 2면.

41) 「極度의 風紀紊亂은 廣告「에로」성황에도 에로미 발산하는 그림도 무서

한43) 등에 대한 취체와 단속을 강화하기도 하였다.

### 2.3.2. 애정사건 및 자살

카페에 출입하는 손님들은 여급들을 보기위해 오는 것이 대부분이었다. 카페 여급들과 손님들 간에 애정이 생겨나고, 그러면서 실연을 하여 자살을 하는 경우가 늘어만 갔고, 그 반면에 남자 손님을 유혹하여 사기를 벌이는 여급도 있었다.

'엔젤' 카페의 여급 이성자가 남자와 동거를 하였으나 다른 여급과 정을 통하고, 이성자가 모아둔 1,000여 원의 돈을 소비하였다. 그로 인해 억울한 마음을 먹은 이성자는 물에 뛰어들어 자살코자 했다.44) 카페 '낙원회관'의 여급 이정옥이 몰인정한 연인을 저주하는 장문의 서를 써놓고 칼모친을 마시고 자기 하숙집에서 자살을 하였다.45) 카페 '히노마루' 주인이 자기가 데리고 있던 여급과 살림을 차리고자 본처를 설득하는 방법으로 자살연극을 하려다 아편

---

카페, 빠에 徹底한 警告」, 『동아일보』, 1935년 2월 24일, 석간 2면.

42) 「여름밤 "學生風紀" 카페, 빠, 劇場出入하며 醜態 解弛된 傾向에 警察이 監視」, 『동아일보』, 1938년 6월 10일, 2면.
「校內娛樂機關 擴充 學生善導에 盡力 「카페」 出入禁止보다 率先實施할 것 大學·高·專 主事會議에서 論議」, 『동아일보』, 1938년 6월 21일, 2면.

43) 「「카페」 「빠」 新規不許-업적은 작년보다도 오히려 양호한 형편 仁川歡樂街團束」, 『동아일보』, 1938년 9월 6일, 7면.
「女給이 無制限氾濫 餘 「카페」 「빠-」에 嚴重處分」, 『동아일보』, 1940년 5월 28일, 2면.

44) 「사랑이 원수로 정산은 정수에-피쉬인 돈 천원만 날아가 카페에 피고인 홍련」, 『동아일보』, 1933년 7월 22일, 2면.

45) 「百年芳盟水泡 情郞結婚하자飮毒-낙원회관 카페의 여급 紅燈의 봄을 등지고」, 『동아일보』, 1934년 4월 15일, 석간 2면.

을 과하게 먹어 사망하였다.[46] 카페 여급이 사랑하던 남자가 유부남인 것을 비관해 음독자살하였다.[47] 여급들도 여자이기에 남들과 같은 가정을 꾸리고 행복한 사랑을 꿈꾸었지만 상황은 그렇지 못하였다. 사랑 때문에 웃고, 사랑 때문에 울고, 자살까지 선택한 여급들의 모습에 씁쓸함을 느낀다. 밝은 조명아래 웃음을 팔고, 몸도 팔지만 마음만은 보통 여자들의 사랑을 꿈꾼 여급들, 그녀들의 사랑은 사치에 불과했던 것이다.

### 2.3.3. 카페 여급과 웨이트레스의 생활

여급・웨이트레스들은 다수의 뭇 남성들의 사랑을 받았으나 그들의 생활은 피로하고 힘든 일상이었다. 생계 때문에 여급생활을 시작한 아내가 변심하여 남편은 이에 원망을 품고 자살을 도모[48]하였고, 웨이트레스가 되는 이유는 상배(喪配), 실연(失戀), 해태(懈怠), 허영(虛榮) 등으로 적합한 직업을 가지지 못했기 때문[49]이라고 하였다. 웨이트레스의 일은 보통 새벽 1시, 2시에서 늦게는 4, 5시에 끝났다.[50] 어려서부터 여급으로 살아온 「백령」 카페 여급이

46) 「自殺演劇」하다가 實際로 죽은 愚男-「카페」주인이 여급에 미처 본처 강짜 멈추려다」, 『동아일보』, 1935년 2월 1일, 석간 5면.

47) 「學費難, 失戀苦 飮毒自殺騷動-하나는 전기학교 학생이오 하나는 「카페」의 女給」, 『동아일보』, 1935년 6월 9일, 2면.

48) 「카페에서 놀아난 안해 애안고 남편은 죽고저-한강에 갓다가 순사에 저지돼 가난한 직공의 슬픔」, 『동아일보』, 1933년 5월 6일, 2면.

49) 「돈뻘이하는 女子職業探訪記; 새로 살림을 발견한 듯 덤비는 「카페」의 「웨트레쓰」 설음(上)」, 『동아일보』, 1928년 3월 4일.

50) 「돈뻘이하는 女子職業探訪記; 새로 살림을 발견한 듯 덤비는 「카페」의 「웨트레쓰」 설음(下)」, 『동아일보』, 1928년 3월 5일.

자신의 처지를 비관하고 자살[51]을 택하는 등, 여급과 웨이트레스의 생활은 무척이나 고난하였다. 여급들이 실연이나 허영심에 의해 카페 일을 시작한 이들도 있으나, 생계 때문에 직업전선으로 뛰어든 경우가 많았다. 손님들 술이나 따라주고 웃음만 팔고 요염하게 만 앉아있으면 될 것 같았던 여급・웨이트레스의 생활은 한마디로 '피로' 그 자체의 삶이었던 것이다.

#### 2.3.4. 무전취식 및 요금 부당 청구

카페 유흥을 위해 무전취식을 하는 자들은 늘어만 갔다. 돈이 없음에도 카페에 당당히 출입하여 결국은 카페에서 경찰서로 직행해야 하는 일들이 비일비재했다. 시골에서 올라와 '킹홀' 카페에 유흥을 하다 돈이 모자라 무전취식하게 되어버린 상인,[52] 공산당원이라고 주장하며 가짜 권총으로 카페 '엔젤'의 여급을 협박하여 무전취식한 청년,[53] 돈 한 푼 없이 카페에 들어와 30여 원의 술과 음식을 무전취식한 두 청년,[54] '평안' 카페에서 무전호유를 하던 손님이 여급에게 폭행까지 가한 사건[55] 등이 그러하다. 카페를 선술집 정도로 생각하고 카페를 처음 출입한 이들이 무전취식으로 종로서 보안계로 인치되었다. 선불금으로 낸 2원을 음식값이라 여겼

51) 「白嶺 카페 女給 "人生의 谷"에서 自殺, 앞에 希望燈 안보여-진실한 자아(自我)를 발견한 여급의 가는 길」, 『동아일보』, 1937년 11월 14일, 석간 2면.
52) 「갓 쓴 시골 商人 카페 出入 웬 말」, 『동아일보』, 1933년 12월 23일, 2면.
53) 「假拳 銃青年 女給脅迫取食-자기는 공산당원이라고 카페엔젤에 또 怪事」, 『동아일보』, 1934년 1월 8일, 석간 2면.
54) 「카페怪男兒 結局無錢取食」, 『동아일보』, 1934년 1월 31일, 석간 2면.
55) 「鑛業家逢變, 카페에서 무전호유」, 『동아일보』, 1939년 8월 8일, 2면.

으나, 알고 보니 그것은 여급에게 주는 팁이었고, 나머지 음식회계 값은 21원 70전은 따로 지불해야 했다. 결국 그들은 가지고 있는 돈이 없었으므로 자연히 종로서로 향하게 되고 만 것이었다.[56)]

그 반면에 술값을 속여 손님에게 부당한 요금을 청구한 곳도 있다. 3원 50전하는 매주주를 양주로 속여 한 병에 25원을 받다가 덜미를 잡힌 카페[57)]도 있었다. 거의 10배에 가까운 가격을 손님에게 부당 청구한 것이다. 이러한 폐해들이 늘어남으로 총독부 물가전문위원회에서는 술, 맥주의 공정가격을 검정하고,[58)] 그에 따라 공정가격을 고시하여 실시[59)]하는 방침이 생기기도 하였다.

### 2.3.5. 범죄의 온상

돈은 없고, 카페는 이용해야 하는 이 기괴한 현상들의 욕구를 채우기 위해 범죄를 저질러서라도 돈을 마련하여 카페로 향하는 이들이 늘어만 갔다. 카페 유흥비를 마련하기 위해 절도를 일삼는 사람도 있었다. 16회에 걸쳐 외투와 축음기들을 절취하여 전당포에 맡긴 돈 540여 원을 카페에서 호유한 사건,[60)] 경성제대 복장을 한 가짜 대학생이 백화점에서 절취한 것으로 카페를 출입한 사건,[61)]

---

56) 「카페에 出入타 逢變한 두 靑年」, 『동아일보』, 1934년 1월 28일, 2면.

57) 「술 한 병에 二十五圓也-暴利의 先鋒隊 「카페-」와 「빠」鍾路 「네온」街의 異聞」, 『동아일보』, 1939년 10월 6일, 석간 2면.

58) 「料理 飮食店 「카페」에 淸麥酒 價格을 公定 違反者를 經警이 嚴重團束 飮酒黨은 安心하라」, 『동아일보』, 1940년 5월 30일, 2면.

59) 「料理店 카페 一等의 酒 삐루 價格決定-今日 物價委員會에서」, 『동아일보』, 1940년 6월 7일, 2면.

60) 「절도질하야 카페서 호유」, 『동아일보』, 1933년 3월 26일, 석간 3면.

성실하던 상점점원이 자신이 일하던 상점과 부근 상점에서 돈을 훔쳐 유흥하다 붙잡힌 청년,[62] 그리고 은행을 털어 카페 「국수」에서 유흥을 즐기고 도망중인 사람,[63] 종로 우편소에 근무하던 사람이 공금 1,200원을 횡령하여 카페에서 유흥을 하다 체포된 사건[64] 등등이 그러하다.

술로 익어가는 카페 안에서는 유흥이라는 쾌락이 있는 반면에 폭행도 벌어졌다. 술에 취해 카페 여급을 사이에 두고 벌어진 폭력단원들의 검거 소탕작전,[65] 술에 취해 여급을 폭행[66]하고, 여급을 폭행하던 손님을 말리려던 사람들이 칼에 찔리고 중상을 입는 사건[67] 등이 있었다. 또한 말다툼으로 시작해 살인으로 끝난 사건도 있었다. 여급을 사이에 두고 말다툼을 하던 중 상대를 칼로 찔러 즉사하게 만든 사건이 있어 가해자는 십년의 구형을 언도받은 사건[68]도 있었다. 술과 여급의 웃음으로 시작한 카페가 폭행과 살인

---

61) 「假字大學生「카페」에서 暴行」, 『동아일보』, 1935년 1월 23일, 석간 2면.
62) 「카페에서 醉한 술- 商店돈을 竊取하야갖고 豪遊 留置場에서 깬 青年」, 『동아일보』, 1936년 6월 30일, 2면.
63) 「犯行後 七日 市內潛伏 菊水카페에서 豪遊 京城郵便局서 名古屋에 送金 各處에서 劇的場面 演出」, 『동아일보』, 1938년 2월 11일, 2면.
64) 「카페出入에 亡身한 青年」, 『동아일보』, 1934년 2월 16일, 석간 2면.
65) 「권총등무기휴대 효두에 일대결전-카페 녀급새두고 완연한 전쟁「에로」「테로」雙奏曲」, 『동아일보』, 1933년 3월 1일, 석간 2면.
66) 「「카페」에서 폭행-부내원동 금홍묵」, 『동아일보』, 1934년 11월 29일, 석간 2면.
67) 「카페 殺人犯 殺人罪로 公判에 廻付」, 『동아일보』, 1935년 7월 10일, 석간 2면.
68) 「「카페」 살인사건 십년을 구형-공범인에게는 삼년의 징역, 재판장이 실지검증」, 『동아일보』, 1935년 10월 6일, 2면.

의 범죄의 온상이 되어 버린 것이다.

## 3. 프랑스와 일본의 유흥문화

### 3.1. 카페

1930년대에 경성에서 전성기를 맞았던 '카페'는 요리집을 대체한 모던 양식의 유흥 공간으로서 문화사적 의미를 지닌다. 하지만 당대의 카페 문화는 서구 프랑스에서 기원하지만 일본을 통해 조선에 유입되는 과정에서 크나큰 굴절을 겪는 문화적 혼성물이라는 점에서 주목하지 않을 수 없다.

프랑스의 경우 카페는 살롱에 기원을 둔 것으로서, 19세기에 널리 확산된 신흥 문화공간이었는데, 주로 시민들의 정치적 여론 형성의 공간이면서 시인 · 화가 · 철학자들이 모여드는 문학 · 예술 · 철학 카페의 성격을 띠기도 하였다. 또한 다른 한편으로 카페는 연애 장소, 타락의 온상, 우범지대이기도 했다. 1686년부터 파리의 소르본대학이 있는 지식인의 거리 라틴구(區)에 문을 열었던 파리 최초의 카페 '프로코프(Le Procope)' 이후 18세기 · 19세기 프랑스에서 카페는 정치적 여론의 터전이자, 예술가 · 철학자들의 사교 및 치열한 담론의 공간이었다.

일본에 1910~20년대에 유입된 프랑스의 카페는 프랑스의 것과는 그 성격을 달리한다. 일본의 『モダン流行語辭典』(喜多壯一郎監修,

実業之日本社, 1933)에 의하면 일본에서 카페(Cafe)는 "원래 커피점. 서양요리점, 끽다점 두 가지 뜻 외에도 바도 아마 포함될 것이다" 라고 하였듯이, 당시 일본 카페는 서양 요리점이면서, 끽다점이고, 동시에 술집인 복합적인 성격을 드러내고 있다. 특히, 카페 안의 여급이 있음으로 인해 카페는 소규모의 요리점인 오뎅집과는 다른 에로 서비스를 제공하였다고 한다. 카페가 당대 일본 모던 문화를 설명할 수 있는 중요한 키워드가 됨은 『카페 야화(カフェ夜話)』라는 카페 잡지와 北原白秋, 木下杢太郎, 吉井勇 등 많은 작가들의 작품 속에서도 등장한다.

## 3.2. 다방

일본의 경우 최초로 생긴 커피를 마실 수 있는 가게인 珈琲店은 메이지 시대인 1888년에 생긴 <可否茶館>이 최초였는데, 이러한 珈琲店은 커피, 우롱차 등의 차와 보드카 정도의 술을 마시며 휴식을 취하는 곳으로, 관동대지진 이후 에로서비스를 하는 여급이 존재하는 카페와는 차별화된다(久保田万太郎, 「甘いものゝ話」, 『スヰート』, 1927). 이때의 '카페'는 알코올의 제공과 여급에 의한 서비스를 특징으로 하는 대중적인 오락장으로 변화되었다.

프랑스에서는 카페와, 다방(커피숍)은 거의 차별화되지 않으나, 제과점을 의미하는 '파티쓰리(pâtisserie)'와 구별되는 '살롱 드 떼(Salon de thé)'라는 다과점 형식의 다방이 있었고 현재도 있다. 그러나 카페와 살롱 드 떼도 큰 차이점이 없는데, 다만 살롱 드 떼의 경우 커피뿐만 아니라 다양한 차들과 과자, 케이크 등을 주문시킬 수 있으며, 프랑스에서 카페는 대부분 노상카페인데 비해, 살롱 드 떼는 실내카페로 되어 있는 것이 특징이다.

### 3.3. 살롱

르네상스 이후 서유럽에서 형성된 문화인 '살롱'은 귀족, 엘리트, 문인들을 중심으로 예술적 사교모임의 전통을 형성하였다.

프랑스에서 살롱(salon)은 16세기에 탄생되어 1664년부터 공식적으로 프랑스어로 쓰이기 시작했으며 18세기에 가장 활성화 되었고 19세기에 카페가 들어서면서 쇠퇴하였다. 첫째 순수한 공간적 개념으로서 '객실'과 '응접실'을 의미하고, 둘째 프랑스 상류사회에서 성행되던 귀족과 문인들의 정기적인 사교모임이고, 셋째 室, 店의 의미로 다과점, 미장원 등에 쓰였고, 넷째 미술 전람회나 미술비평, 자동차 전시회 등의 의미로 쓰였다. 프랑스에서 시작된 엘리트층에 의해 주도된 교양과 예술취미를 바탕으로 한 사교 모임으로서 살롱이 17・18세기에 유럽전역으로 번지게 되었다가 19세기에 카페가 보급되고, 저널리즘이 발달하면서 잠시 쇠퇴기에 들었다가, 20세기 전후로 전 지구적이고 초역사적인 문화 현상으로서 확산되었다.

동경에서도 프랑스 살롱문화가 유입되었다. 1933년 발간된『モダン流行語辞典』(喜多壮一郎監修, 実業之日本社)에 의하면, '살롱

(Salon)'은 "프랑스어로 '객실', '거실'의 뜻이며 그것이 변해서 모든 종류의 사교적 집회의 뜻으로 사용되었으며, 프랑스의 것과 거의 유사하다. 그러나 1920~30년대 일본의 동경에서의 살롱은 서양풍의 주점, 바, 캬바레 등을 지칭하기도 하였다.

### 3.4. 땐스홀

일본에서의 '땐스홀'은 1920년대 3월 처음 문을 열었다(井田一郎, 「日本ジャズ音楽側面史(二)」, 『ヴァラエティ』, 1939.1). 이 댄스홀은 쿠메 마사오(久米正雄)의 소설 <舞踏場にて>(『新潮』, 1924.2)의 주된 무대가 되는데, 이때 '댄스'는 이성끼리의 신체적 접촉을 통해 연애를 확고히 하는 비유로 사용된다. 다니자키 준이치로 역시 <私のやってゐるダンス>(『女性改造』, 1922.10)라는 글을 발표하여 자신의 사교 댄스에 대한 열정과 실력을 토로하고 있는데, 그의 소설 『痴人の愛』에서 당대 사교 댄스의 의미가 잘 드러난다. 당시 댄스홀에서 소개된 모던 댄스는 왈츠, 슬로 폭스트롯, 퀵스텝, 탱고, 모던 블루스 등이었다.

프랑스의 경우 근대 초기에 한국이나 일본처럼 영어식으로 댄스홀이라는 말이 빈번히 쓰이기보다는 댄스홀에 상응하는 프랑스어 '브와트 드 뉘(boîtes de nuit)'라는 말이 사용되었다. 그 외 '뮤직홀(music-halls)', '발(bals)', '살 드 당스(salle de danse)', '스와레(soirée)' 등은 조금씩 각 성격은 다르지만 댄스홀의 의미로 통용되었다. 카바레(cabaret)의 경우 옛날에는 선술집의 의미로 쓰였고, 근대에는 음악, 춤, 쇼를 즐기며 술, 음료를 마시고 식사할 수 있는 곳의 의미로 쓰인다. 한편, 프랑스에서는 1759년에 손님을 유치하기 위한 수단으로 카페 앞에서 쇼가 베풀어졌으며, 1770년 무렵에는 점포 안에서 노래 및 콘서트를 하는 '카페 콩세르(café-concert)'가 생겨났고, 1차 세계 대전 이후 카페 콩세르보다 규모가 큰 스테이지에서 노래뿐 아니라 춤과 연극이 섞인 쇼를 하는 '뮤직홀(music-halls)'이 생겨났다. 그리고 이 뮤직홀에서 화려한 조명과 장치 속에 노래, 춤, 여흥을 연결한 장면을 차례로 전개시키는 대규모의 '르뷰(Revue)'가 제작되었다. 즉 불어로 '르뷰(Revue)'라는 단어는 장소의 개념보다 버라이어티 쇼나 공연이라는 의미가 더 강하다. 또 그밖에 시사문제를 다룬 풍자희극, 조사, 검토, 잡지, 평론의 의미로 쓰인다.

### 3.5. 극장(활동사진)

일본의 경우, 1914년 이후로 <제국 극장>에서는 양악부와 가극부가 양극부(洋劇部)로 명칭이 바뀌면서 많은 서양 영화들이 상연되었는데, 『전쟁과 평화』, 『천국과 지옥』, 『보카치오』 등의 희가극도 상연되었다. 특히, 1928년 11월 22일 『서부전선 이상 없음』이 도쿄 혼고좌에서 상연되었는데, 소설로서도 베스트셀러를 기록했던 위 작품은 이후 '~이상 없음'이라는 유행어를 탄생시키게 된다(<생활전선 이상 없음>). 또한 1931년 5월 14일에 찰리 채플린이 일본을 방문해서 6월 2일까지 체재한 적이 있는데, 찰리 채플린은 당시 식민지 경성에서도 회자되었던 것으로 확인된다. 특히 서양 영화는 일본에서도 미국의 '플래퍼'(Flapper) 이미지를 전파하는 데 크나큰 역할을 하였는데, 이는 말괄량이 스타일의 급진적이고 자유분방한 일본 모던걸(모가)의 탄생과 관련을 맺는다.

프랑스는 1895년 뤼미에르(Les Lumières) 형제에 의해 세계 최초로 영화를 탄생시킨 종주국으로서, 세계에서 제일 먼저 영화 제작 및 영화 관람이라는 모던 문화를 낳았다. 그러나 1차 세계대전에 의해 영화 제작사들이 전쟁 기계 생산을 위한 공간으로 바뀌게 되면서, 미국영화들이 잠식해온다. 1920년대는 초현실주의와 아방가르드 계열의 실험적 예술 영화들이 제작되었고, 1930년대에는 미국에서 개발되어 대성공을 거둔 토키영화가 제작된다. 이 때 만들어진 프랑스 최초의 유성영화가 바로 <파리의 지붕 밑에서>(1930)이다. 하지만 세계대공황의 여파 속에서 영화산업은 침체기에 빠져들면서 미국영화가 강세를 띠게 된다. 당시 출시된 프랑스 영화로는 프랑스 시적 리얼리즘의 창시자로 장 비고의 <품행제로>(1933), <라탈랑트>(1934), 마르셀 카르네의 <안개낀 부두>(1938), <북호텔>(1939), <새벽>(1939), 쥘리앙 뒤비비의 <망향>(1937), <무도회의 수첩>(1937) 등이 있다.

### 3.6. '모던보이'(모보) · '모던걸'(모가)

일본에서 모던보이, 모던걸은 다이쇼 시대 전후로 양산되기 시작하였다. 일본에서 제1차 세계대전의 호경기 이후 등장한 신종직

업부인들은 신중간층의 생활양식에 모던문화에 대한 감각을 구비한 새로운 유형의 여성으로서 '모가'군을 형성한다. 분방한 자유연애의 주인공이기도 하였던 이들은 당시 일본 문학 속에 빈번히 등장하는데 오자키(尾崎翠)의 <애플파이의 오후>(『女人芸術』, 1929.8), <채찍을 울리는 여자>(岸田国士, 1931)나, 다니자키 쥰이치로의 작품들을 예로 들 수 있다.

프랑스의 경우, 19세기 말에 이미 '사치의 민주화(démocratisation du luxe)'가 사회적 기치로 등장하면서, 부르주아 층의 저변이 비약적으로 확산되고 그들이 '대중문화'의 중심적인 담당자로 자리 잡게 되었다. 이러한 대량소비사회 속에 '모디스트(modiste)', '칼리코(calicot)', 사무원, 회계원, 경리, 브로커, 하급관리, 보험판매원, 은행 창구직원, 세일즈맨, 외판원 등은 프랑스의 모던문화가 낳은 새로운 인물유형으로 자리 잡는다. 또한 '라 벨 에포크(La belle époque: 1900년대 세계대전 발발 이전 풍요와 평화의 시대로, 예술과 문화가 번창하고 거리에는 우아한 복장의 신사숙녀가 넘쳤던 때)'의 프랑스 사회를 적나라하게 서술하고 있는 푸르스트의 『잃어버린 시간을 찾아서』 속에 산업화에 따라 신직업을 가진 신세대들이 등장하는데, 그 중 쌩루 애인 라셀은 파리 신여성의 이미지로 그려지고 있다.

### 3.7. 댄디 · 룸펜

프랑스에서 널리 퍼졌던 '댄디/단디(dandy)'라는 용어는 18세기 이후 속물적 부르주아에 대항하는 존재로서, 우아하고 세련된 옷매무새, 반전이 있는 위트와 말솜씨, 풍부한 인문 교양을 기반으로 한 예술 활동들, 그리고 대중과 구별될 수 있는 독특한 취향을 자기 밑천으로 삼았다. 프랑스의 대표적인 댄디로서 보들레르를 들 수 있는데, 댄디는 고급한 취향과 우아한 삶을 통해 '정신적인 우월성'을 드러내었으며, '댄디즘/당디슴(danysme)'은 소수의 이해만을 추구하는 창조적 상상력이자 다수와 모방의 원칙이라는 부르주아 모더니티에 대한 부정으로 해석될 수 있다.

일본의 경우에도, 도쿠다 슈세이(徳田秋声)의 <축도>에서 "아버지는 룸펜이라는 생각이 들 정도의 복장도 아무렇지도 않게 생각했지만"이라는 구절에서 룸펜이 등장하는데, 이때 룸펜은 누더기 옷을 입고 수입도 일정하지 않은 부랑자, 실업자를 의미한다. 한편, 하야시 후미코(林芙美子)의 <방랑기>에서 "그녀는 언제까지나 룸펜으로 있을 수 없다는 것입니다"의 룸펜은 프롤레타리아트의 약자로 쓰이고 있어 사회주의와의 함축을 드러낸다.

### 3.8. '첨단', '씨-크', '하이카라'

'모던'은 한편으로 도시 거리의 유행의 최 '첨단(尖端)'적 경향을 의미하였는데, 이들의 외양(모던보이: 양장, 맥고모자 · 단장. 고무구쓰, 모던걸: 단발, 양장, 뾰족구두)과 라이프 스타일(도시거리 산보, 다방 · 카페 · 극장 · 백화점 출입, 야외 및 해수욕장 유흥)은 당시 풍속의 '첨단'을 대표하게 된다. 이러한 '첨단'은 '모던'과 마찬가지로 중립적인 의미가 아니라 다소 냉소적인 의미를 지니기도 하는데, 이때 '첨단'은 부르주아 문화의 산물로서 계급적인 적대감을 내포하게 하기도 한다. '씨-크'는 영어 'Chic'를 이르는 말로, 세련됨, 우아함, 현대풍을 일컫는 외래어로서 당대 잡지나 신문에 종종 등장한다. '시크'라는 표현이 당대 유행한 현상 이면에는 루돌프 발렌티노라는 당대 인기 있었던 이태리 출신의 미국 영화배우 루돌프 발렌티노가 출연한 영화 <시크>와 일정 정도 연관성을 가진다. 이에 반해, '하이카라'는 신교육을 받은 학생층이나 식자층 직업군을 지시하는 말이며, 문화적으로 신문물 · 고급문화(서양 음악회 · 서양미술 전시회 관람)를 향유하는 새로운 세대를 지칭한다. 하지만 이 역시 '모단'과 유사하게 계급적 함의를 띠는 경우가 많은데, 자본을 바탕으로 사치적 삶과 도덕적 방탕을 일삼는 부르주아 계급(유산자)에 대한 비판과 연관된다.

일본에서 '하이칼라'란 메이지 문명개화시기에 양장을 한 남성이 입은 셔츠의 일종이었다. 이것은 이후 서양풍의 새로운 풍속일반을 지칭하게 되고, 시대의 최첨단을 걷는 사람을 하이카라라고 부르게 되었다. '모던'이라는 용어도 시대의 첨단을 걷는 경향을 지칭하였는데, 일본에서 '모던'이라는 말이 일반적으로 사용되기 시작한 것은 관동대지진(1923년) 이후이다. 새롭고 세련된 것, 서양적인 것을 의미하는 '하이칼라'는 문학작품들에서도 잘 드러나는데, 다야마 카타이(田山花袋)의 소설 『이불(蒲団)』, 나츠메 소세키(夏目漱石)의 『도련님(坊っちゃん)』, 다니자키 준이치로(谷崎潤

一郎)의 『치인의 사랑(知人の愛)』(1924)에서도 '하이카라' 여성이 등장한다. 한편, '시크(Chic)'는 『モダン流行語辞典』(喜多壯一郎監修, 実業之日本社, 1933)에 의하면, 일본어의 粋(멋쟁이. 멋 : 화류계, 연예계에 정통한 모양)라는 말과 일맥 상통한다. 스마트하고 당대풍으로 세련되고, 세련되었다고 하더라도 단순하게 세련된 게 아니라 시대정신을 확실하게 이해하고 조금의 틈도 없이 유행의 첨단을 달린다는 식의 아주 까다로운 격식을 지칭하였다.

프랑스 용어는 패션이나 스타일과 관련하여 널리 사용되었으며, <모던에서 시크로> 라는 표어가 탄생되기도 하였다. 프랑스에서도 '쉬크(Chic)'라는 단어는 '멋, 멋진, 세련된'의 의미로 쓰였는데, 근대 초기 유행이나 스타일에서 '첨단'의 의미를 가지는 용어는 무엇보다 '아 라 모드(à la mode)'였다. '스노브(snob)' 역시 영어에서 온 단어로 '유행을 따르는 사람'을 의미했는데, 특히 구어로 '멋쟁이' 또는 '속물' 이라는 의미로 쓰였다. 이러한 스노브의 형상은 푸르스트의 『잃어버린 시간을 찾아서』에서 사교계에 대한 묘사 속에 나타나 있다. 또한 고답파의 3대 시인 중의 한 사람인 테오도르 드 방빌(Théodore de Banville)은 보들레르를 가리켜 옴므 모데르느(L'homme moderne: 근대인)이라고 지칭했다. 그밖에 1900년과 1925년 사이에 널리 유행한 유행장식을 '모던 스타일(modern style)'이라고 불렀는데, 이것은 '아르 누보(art nouveau)'라는 말과 동의어로 쓰였다.

## 3.9. 데카당스(데카단, 세기말, 퇴폐)

일본에서 '데카당(Decadent)'은 타락, 퇴폐한 사람들의 뜻이며 처음에는 로마문명 말기 타락 시대의 사람들을 말했는데, 19세기 후반 프랑스에서 일어난 소위 세기말(Fin de Siecls)의 젊은 시인 무리를 의미하게 되었다고 기록되어 있다.

데카당(décadents)은 프랑스에서 기원하는데, 자연주의가 쇠퇴한 이후 등장한 베를렌느(Verlaine), 랭보(Rimbaud), 말라르메(Mallarmé) 등의 '상징파'를 가리킨다. 프랑스에서 이러한 데까당의 등장배경에는 자본주의의 발전과 포화상태의 문화적 환경이 자리 잡고 있었다. 데까당스(décadence)를 따르는 자들은 영원한 낙원에서 시적 영감을 찾고, 일상적인 것, 평범한 것, 범속한 것에 대해서는 강한 혐오감을 표시했었는데, 그들의 이 같은 태도를 혹자는 일종의 우울증의 표현으로 이해하기도 한다. 그들은 한편으로, 물질적 풍요에 대해 권태와 경멸을 나타냈고 다른 한편으로, 연금술적 언어, 고상하고 숭엄하며 지고의 가치를 지닌 상아탑을 추구했다. 또한 데카당스는 사회가 쇠퇴기로 기울어질 때, 사회 전반의 부패 현상에 대응하는 탐미주의나 악마주의의 형태가 되어 극단적인 전통 파괴, 배덕, 생에 대한 반역 등의 경향을 수반하였다.

# 4. 서사의 스토리뱅크

## 4.1. 유흥문화와 스토리텔링

30년대 경성의 유흥문화에 대한 연구를 통해 얻은 각종 다양한 원천소스와 담론은 디지털미디어라는 현대 정보통신기술의 도움으로 현대인들에게 문화적 원형 심상의 길을 열어놓을 수 있다. 문학과 문화의 다양한 자료들이 영화와 드라마, 애니메이션, 뮤지컬 등과 같은 문화콘텐츠 장르뿐만 아니라 디지털미디어에 의해 새롭게 재창조 되어 대중문화의 연속성과 전통성, 그리고 역사성을 형성할 수 있다.

30년대 유흥문화에 담긴 각기 다양한 스토리는 시간과 공간을 초월하여 끊임없이 재생산되고 재창조되면서 스토리텔링으로 발전한다. 인간의 본질적 요소 중 가장 오랜 역사를 갖고 있는 것들 중 하나가 'story(이야기)'이고, 그리고 다른 사람과의 'storytelling(이야기하기)'이라고 하는데, 최근 정보통신기술의 발달과 멀티미디어의 보급에 의해 '스토리텔링'의 상호적인 특성은 과거의 문화에 대한 감상자가 아닌 향유자이면서 동시에 창조자가 될 수 있는 기회를 제공한다. 스토리텔링으로 재창조되는 30년대 경성의 유흥문화는 카페에서 여급과 술을 마시며 노래와 춤을 추고 싶은 욕망을 사이버 커뮤너티나 버츄얼 스페이스를 통해 실현할 수 있게 됨으로써 몸으로 기억되는 욕망의 가상적 실현이라는 매트릭스의 세계가 펼쳐질 수 있는 것이다. 여기서 중요한 것이 역시 스토리텔링이다. 이야기는 탈시간성과 탈공간성을 지닌다. 오래된 설화나 민담, 그리고 전설 등을 선대로부터 물려받고, 그것을 다시 후대에 전수하여 주는 오랄 스토리텔링의 역사는 인류라는 공동체를 형성하는 역사이기도 하다. 그 과정에서 문자로 된 활자문화에 의해 오랄, 즉 구비성이 사라지면서 스토리텔링보다는 완결된 형태의 스토리가 더 각광을 받았었다. 그러던 것이 최근 디지털미디어의 발달로 인해 불완전 형태의 스토리텔링을 가능하게 하였고, 인간으로 하여금 스토리의 리스너가 아닌 텔러가 되는 방법을 열어 놓았다. 결국 매체가 오랄이든지, 아니면 디지털에 의한 인터랙티비티한 것이든지 간에 인간에게 중요한 것은 모든 이야기의 주인공, 즉 주체가 되고 싶어 하는 점이다.[69] 자기 자신이 만들어내는 이야기의 주인공이 되면서 인생의 처음과 끝을 매트릭스처럼 대신 살아보는 체험을 할 수 있게 된 것이다.

스토리를 다시 고전적인 인식으로 돌아와 인간이라는 존재 자체의 이야기성에 주목하여 본다면, 역사와 문학에 대한 관심을 새롭게 할 필요가 있다. 역사와 문학, 그리고 인간 존재에 대한 해명을 추구하는 철학을 근간으로 하는 인문학이 스토리텔링이라는 인간의 보편성의 문제와 결부될 때 전통적 개념과 의미가 여전히 고전적일 수 있는가.

한국 근대와 도시, 대중문화에 대한 역사와 문학에서 지금까지 연구 동향이 변화하고 있는 이유도 스토리텔링의 보편성이라는 맥

---

69) 영국의 3만개나 되는 스토리텔링 클럽과 미국의 디지털 기술에 의한 스토리텔링 창작 소프트웨어의 발달은 모두 스토리텔링의 번성을 이뤄냈다.

락 속에서 이해될 수 있다. 식민지 시기 한국의 근대(근대성, 모더니티)에 대한 연구 및 이와 관련한 식민지 시대의 풍속사적 연구, 근대의 표상에 대한 담론적 연구들이 지속적으로 이루어져 왔으며 가치 있는 연구 성과를 축적해 왔다. 그러나 문학(모더니즘)이나 문화역사(풍속사) 분야에서 개별적으로 이뤄진 연구는 인문학이라는 보편적 사유를 통해 인간의 존재 문제에까지 확대되지 못하였다. 문학과 역사, 허구와 사실이라는 교차 지점을 통해 생겨난 다양한 스토리텔링은 과거와 현재를 잇는 가교 역할을 할 뿐만 아니라, 그 속에서 한국이라는 공동체주의가 형성될 수 있는 점을 많이 간과하였다. 그렇지만 조이담의 시도는 사실과 허구, 그리고 역사와 문학, 그러면서 실제 생활 속에 담긴 인간의 존재에 대한 물음에 대한 단초를 마련한 점에서 시사하는 바가 크다.[70] 또한 30년대 경성의 모던 문화를 영화와 드라마[71] 등으로 제작되어 대중들로부터 사랑을 받는 것은 역시 스토리의 끊임없는 재생산[72]을 통한 인간의 보편성에 대한 재현은 인문학의 개념에 대한 재고를 요구한다. 즉, 인문학이 문자에 의한 활자문화에만 한정하지 말고, 디

---

70) 식민지 당대 일상의 저변에 뿌리내린 근대의 기호들을 역사적으로 탐색하는 작업을 넘어서, 허구적 형식으로 근대의 공간을 새롭게 구성한 조이담의 시도는 주목할 만하다. 이는 박태원의 소설 『소설가 구보씨의 일일』 원작과 주해, 그리고 조이담이 쓴 중편 역사소설 「경성만보객: 신 박태원 전」이 함께 실려 있는 허구물로서, 1930년대 경성의 산책자 박태원과 당대 도시공간을 동시대적 상상력으로 재창조해낸다.

71) 영화(원스어폰어타임, 라디오데이즈, 모던보이(개봉 예정작) 등)와 드라마('경성 스캔들')

72) 『서울에 딴스홀을 허하라』, 『조선의 모던보이 경성을 거닐다』, 『경성애사』 등의 재 생산.

지털 미디어에 의한 문화로까지 확대되어야 하는 것이다.

## 4.2. 메타데이터 포맷

스토리뱅크를 구축하기 위해서 먼저 문학작품에 대한 데이터베이스를 구축하고, 그것을 바탕으로 메타데이터를 포맷하고, 그런 연후 스토리텔링 창작 툴에 맞춰 '인물', '사건', '배경', '플롯' 등으로 재분류하고, 그런 뒤 다양한 장르에 맞게 콘텐츠를 개발하여 나가는 것이다. 본고에서는 스토리뱅크를 프로그래밍하기에 가장 적합한 방법인 메타데이터를 포맷하는 방식에 의해 앞에서 살펴본 '공간', '인물', '사건'의 내용을 집어넣도록 하겠다. 스토리뱅크 시스템을 설계할 때, 첫 번째 신문 자료에서 추출한 경성의 모던 문화를 구성하는 요소들을 잘 연결될 수 있도록 메타데이터를 포맷한다. 즉, 주요 사건에 따른 시놉시스와 등장인물로의 연결에 중심을 두고, 사용자들이 관심 있는 자료를 신속하게 검색할 수 있도록 메타데이터를 작성한다. 두 번째는 스토리 뱅크를 구현하기 위해 메타데이터는 메타데이터 기준표와 라인, 그리고 메타데이터 필드를 통해 포맷한다.

메타데이터 포맷은 다음 세가지 방식으로 한다.

첫째, 모든 자료를 포괄할 수 있는 메타데이터 기준표이다. 공간과 인물, 사건을 중심으로 한 기준표를 만들어 신문의 자료들을 입력한다.

둘째, 메타데이터 라인이다. 개별 데이터 요소를 최대한 수용하여 상호 정보를 공유할 수 있도록 한다.

셋째, 메타데이터 필드이다. 최소 단위의 데이터 요소로 개별 문학 작품에 대한 상세한 정보가 수록되도록 한다.

스토리뱅크 구축의 관건은 콘텐츠 사용자들이 필요한 데이터를 쉽게 찾아낼 수 있도록 하는 데 있다. 메타데이터 포맷 중 가장 중요한 것이 메타데이터 필드인데, 대상 자료들을 포괄할 수 있는 기준표와 개별적인 작품을 해체하여 분석하여 세부 정보를 담는다. 따라서 메타데이터 단계에서는 공간, 인물, 이야기(주제) 등을 구체적인 세부 항목으로 나누어 시간적 배경, 공간적 배경, 인물의 이름, 성별, 나이, 신체, 복식, 소지물, 성격, 능력, 사건, 원문 출처 등을 꼼꼼하게 입력하여 넣을 것이다.

위와 같은 방식에 의해 만들어진 메타데이터 포맷은 각종 연구 자료들을 일목요연하게 볼 수 있으며, 각 정보간의 상호 연관성을 살펴보는 데 유용한 자료 수집 및 분석 방법이 된다. 이런 메타데이터 포맷을 통해 스토리뱅크를 구축하도록 하겠다.

동아일보에 대한 메타데이터 라인은 총 161개로 구성되어 있다. 이들에 대한 것들 중 대표적인 예를 하나 보이면 다음과 같다.

**메타데이터 필드-예시 : 이효석의「장미 병들다」**

| | A | B | C |
|---|---|---|---|
| 1 | 구분 | | 내용 |
| 2 | 제어번호 | | cp |
| 3 | 자료명 | | 이효석,「장미 병들다」 |
| 4 | 공간 | 공간특성 | 공간1_길거리(영화관과 백화점이 인접한 근방)<br>공간2_작은 바(남죽이 백만장자의 자식과 춤을 추던 곳 |

| | | | |
|---|---|---|---|
| | | | 공간3_보트 타는 곳(남죽과 현보의 관계가 급진전된 곳)<br>공간4_남죽의 숙소(허름한 여관) |
| 5 | | 시간특성 | 1930년대 후반 |
| 6 | | 사회배경 | 1930년대 식민지 조선, 많은 여성들이 여배우의 꿈을 꾸고 있으며 손쉽게 돈을 벌기 위한 수단으로 카페 여급으로 활동하고 있다. 여학생/여배우의 경계가 사람들의 인식 속에 존재하고 있다. 영화 관람의 문화가 일반화되어 영화의 낭만성과 현실을 혼동하는 경향이 존재한다. |
| 7 | 인물1 | 이름 | 주남죽 |
| 8 | | 성별 | 여 |
| 9 | | 나이 | 22~25세 (7년 전에는 매우 어린, 아마도 중학생이었을 것) |
| 10 | | 직업 | 극단의 여배우 |
| 11 | | 신체 | 아담한 체형 |
| 12 | | 복식 | 재정 상태로 보아 그리 좋은 옷을 입었으리라 짐작되지 않으나 기본적으로 '여학생' 스타일의 옷 |
| 13 | | 소지물 | 언급없음 |
| 14 | | 성격 | 예전에는 언니의 책방에서 일하며 진보적인 책을 전부 읽었으며 유행가수나 영화배우를 꿈꾸는 등 의지적인 인물이었으나 지금은 과도한 감상에 빠져 실제 생활을 도외시하고 있으며 타인 의존성이 강하다. 자신이 출연 예정이었던 연극(유진 오닐의 「고래」)과 삶을 혼동한다. |
| 15 | | 능력 | 예쁜 용모와 모던걸로서의 태도 |
| 16 | 인물2 | 이름 | 현보 |
| 17 | | 성별 | 남 |
| 18 | | 나이 | 27~33세(학교를 졸업한지 약 7년이 되었음) |
| 19 | | 직업 | 연극각본가(극단을 설립하고자 하나 실패한 상태) |
| 20 | | 신체 | 언급없음 |
| 21 | | 복식 | 언급없음 |
| 22 | | 소지물 | 언급없음 |
| 23 | | 성격 | 극단 설립의 의지를 갖고 의욕적으로 활동하다가 극단이 망하자 좌절하여 희망을 잃고 있으며 자력으로는 돈을 벌 수 있는 능력도 의지도 없다. 가족도 갖지 않는 자유분방한 성격. |
| 24 | | 능력 | 문인으로서의 글쓰기 능력 |
| 25 | 인물3 | 이름 | 준구 |
| 26 | | 성별 | 남 |
| 27 | | 나이 | 27~33세 전후(이상서의 이모이므로 대략 30대 중반은 넘었을 것임) |
| 28 | | 직업 | 교사 |
| 29 | | 신체 | 특징없음 |

| 30 |  | 복식 | 휘줄그레한 포라양복에 땀에 절은 모자 |
|---|---|---|---|
| 31 |  | 소지물 | 땀을 닦는 손수건 |
| 32 |  | 성격 | 가족 때문에 현실이 어렵지만 친구의 돈을 빌려달라는 요구를 거절하지 못하는 성격 |
| 33 |  | 능력 | 없음 |
| 34 | 인물4 | 이름 | 백만장자(김장로)의 아들 |
| 35 |  | 성별 | 남 |
| 36 |  | 나이 | 23~33세 이상(현보 보다 나이가 좀 더 적을 가능성이 높음) |
| 37 |  | 직업 | 무직(거리의 부랑자) |
| 38 |  | 신체 | 언급없음 |
| 39 |  | 복식 | 언급없음 |
| 40 |  | 소지물 | 없음 |
| 41 |  | 성격 | 아버지의 많은 돈을 바탕으로 거리낌 없는 성격, 바에서 춤을 추고 돈을 내고 여자와 하룻밤을 보내는데 거리낌이 없다. |
| 42 |  | 능력 | 부자 |
| 43 | 사건 | 주제 | 예전에는 의지적 인물이었던 모던걸들이 점점 현실의 어려움과 좌절로 인해 타락으로 빠져들고 있는 상황에서 절망과 우울을 느낀다. |
| 44 |  | 줄거리 | 극작가인 현보는 예전에 자신이 다니던 서점 '대중원'의 주인인 세죽의 동생 남죽을 자신의 연극의 여배우로서 7년만에 다시 만난다. 하지만 극단 '문화좌'는 경영난으로 문을 닫고 남죽은 오래된 서울 생활에 지쳐 고향으로 내려가려 한다고 여비를 주선해 달라고 한다. 현보와 남죽은 여비를 빌리러 다니면서 연애행각을 벌이는데 능라도에서 배를 타게 되고 물에 빠져 같이 하룻밤을 보내게 된다. 현보는 남죽에 애정을 느끼고 남죽에게 여비를 마련해 주기 위해 통장을 훔치고 도장을 위조하여 돈을 마련하나 남죽은 이미 예전에 바에서 자신에게 춤을 청했던 백만장자의 자식과 어디론가 떠나 버렸다. 그 후 현보는 갑자기 성병의 증세(아마도 임질)를 보여 마련했던 여비를 치료비로 쓴다. 마지막 대목에서 현보는 백만장자의 자식을 우연히 만나는데 그는 남죽 따위는 하룻밤의 여자에 불과했다고 하며 자신도 마찬가지로 성병에 걸렸었다고 하며 당신이나 나나 마찬가지라고 말하는데 이를 보는 현보의 마음은 착잡하기 그지없다. |
| 45 | 소품1 | 물질형 | 물질형/ 보트장의 보트(현보와 남죽의 관계를 급진전시키는 도구) |
| 46 | 소품2 | 비물질형 | 비물질형/ 영화 '목격자'(소설 초반에 현보와 남죽이 같이 보는 영화, 남죽의 현재 상태를 상징적으로 보여줌) |
| 47 | 원문(한문) |  |  |
| 48 | 원문(한글) |  |  |
| 49 | 출전 |  | ≪삼천리 문학≫, 1938.1 |

스토리뱅크에서 메타데이터를 포맷하면서 유의해야 할 점은 다음 단계의 스토리텔링으로 창작될 수 있도록 해야 하는 것이다. 특히 스토리텔링을 만들기 위해서는 기존 창작 소프트웨어인 'Dramatica Pro'을 활용할 수 있는데, 여기서 분류하여 놓은 사건의 스토리라인과 인물의 분류 방식에 따를 필요가 있다. 사건의 스토리라인은 메타데이터 포맷에서 모티브, 핵심적 사건 등으로 구분하여 입력하면 되는데, 주의 깊게 입력하여야 할 것이 '인물'에 관련된 것이다. 여기서 인물을 드라이버 캐릭터와 패신저 캐릭터로 분류하였는데, 드라이버 캐릭터는 다시 프로타고니스트, 안타코니스트, 가디언, 콘타고니스트로 구분하였고, 패신저 캐릭터는 스케틱, 이모션, 리즌, 사이트퀵 등으로 구분하였다. 『동아일보』 신문에서 볼 수 있는 사건 기사에서 패신저 인물에 대한 것을 잘 보기 어렵고, 대게 드라이버 캐릭터 중심으로 되어 있으므로, 본고의 스토리뱅크에서는 인물의 구분, 특징, 역할 등으로 입력하였다.

메타데이터 포맷을 통해 형성된 스토리뱅크의 매트릭스는 다음과 같이 한다. 공간과 시간, 인물을 3차원적 개념 구조로 정리 통합하여, 그 속에서 사건과 이야기들이 연계되어 전개되어갈 수 있도록 구성한다. 스토리의 최소 단위별로 의미구분을 두어 최소 단위로 하고 여기에 연결되는 공간, 시간, 인물, 주제의 요소를 하나의 단위로 통합적으로 파악이 가능하도록 함으로써 창작소재화가 가능하도록 제시한다.

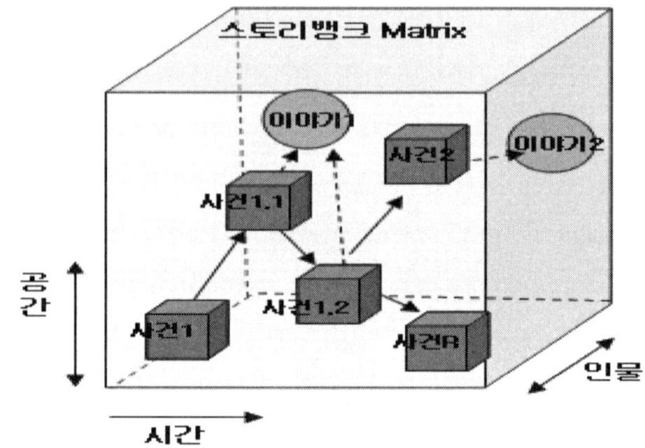
스토리뱅크 Matrix
이야기1
사건2
이야기2
사건1.1
사건1.2
사건1
사건R
공간
시간
인물

# 전자시대의 내러티브

## 1. 문학과 콘텐츠, 시대적 문명 인식

활자문화 시대에서 인간 정신의 위대한 표현이었던 문학이 새로운 시대 환경에 의해 많이 변화하고 있다. 특히 최근 들어 '콘텐츠'라는 이름으로 이뤄지고 있는 다양한 현상에 의해 더욱 더 많이 바뀌고 있다. 콘텐츠라는 말은 새로 생긴 지 불과 몇 년 되지 않았는데도 어느새 우리 생활에서 흔히 들을 수 있는 말이 되었다. 콘텐츠라는 말은 <문화산업진흥기본법>에 의하면 '부호·문자·음성·음향 및 영상 등의 자료 또는 정보'를 말한다. 콘텐츠는 디지털기술 환경 속에서 만들어진 자료나 정보로 제한되기도 한다. 콘텐츠 앞에는 문화, 디지털, 인문 등의 말이 붙으며 보다 명확한 의미를 만들어낸다. 문화콘텐츠란 '문화적 요소가 체화된 콘텐츠'를 말하고, 디지털콘텐츠란 '부호·문자·음성·음향 및 영상 등의 자료 또는 정보로서 그 보존 및 이용에 효용을 높일 수 있도록 디지털 형태로 제작 또는 처리한 것'을 뜻하며, 인문콘텐츠란 '인문학을 소스로 한 콘텐츠'를 말한다. 그리고 문학콘텐츠란 '문학 작품을 소스로 하여 다양한 매체로 활용할 수 있는 콘텐츠'라고 할 수 있다. 가령 '황진이'라는 실존 인물에 대한 기록을 바탕으로 한 소설이 있으면, 이것을 기본 소스로 하여 드라마라든가 영화, 뮤지컬 등과 같은 다양한 매체로 만들어 활용하는 것을 두고 문학콘텐츠라고 할 수 있다. 또한 조선시대의 '대하소설'을 원천 소스로 하여 각종 다양한 콘텐츠를 개발한 문화원형 사업을 그 예로 볼 수 있다. 그런데 국문학 연구자들이 이러한 콘텐츠에 대해 보인 반응은 각기 다양하다. 어떤 이들은 표현의 매체가 변화하였다고 하면서 문학이 끝났음을 선언하고, 또 다른 이들은 문학이 인간의 고유한 정신적 작용의 표현이라는 점을 강조하면서 문학이 영속할 것[1]이라고 하였다. 또 어떤 이들은 정보통신기술이 발달한 디지털의 시대에서는 인간의 표현 방식이 멀티미디어로 바뀌게 되면서 소설이 사라지고 결국 게임으로 대체될 것이라고 하였다.[2] 이처럼 문학의 현재와 미래에 대해 서로 정반대의 전망을 하고 있다. 그 만큼 문학의 지형도에 대해 많은 논란이 일어나고 있는 것이다. 그러

---

1) '전자기술이 인쇄기술을 대체하는 것이 아니라 공존하는 관계를 가질 것이다. 다만 문화의 헤게모니가 전자문화로 이동하는 것은 피할 수 없다고 한다. 그리고 인쇄기술에 바탕을 둔 책은 "인간됨의 끊임없는 흐름을 따라가며 패턴화됨으로써 자신의 생명을 보존하고 승계하는 것으로 볼 수 있"어 그 형질의 변화에도 불구하고 인간현상으로 계속 남을 것이다.'
구모룡, 텔레비전의 장과 문학의 장, 『국어국문학』 137, 국어국문학회, 2004. 9, 76~77면.

2) 류철균, 「디지털시대의 한국 현대문학」, 『국어국문학』 143, 2006.9.

나 이러한 논란의 핵심에 대해서는 진지하게 논의를 해 본적이 없는 것 같다. 문학이 탄생할 시대의 환경과 현재의 환경 차이에 대해서 문명사적 인식이 필요하다.

한편 콘텐츠를 통해 문학의 변화를 적극적으로 수용하려는 사람들이 있다. 이들 중 어떤 이들은 문학이 금방이라도 경제적 효용성을 가질 것이라고 굳게 믿고 있다. 그러나 최근의 문학 기념관 건립이나 문학 축제, 문학 이벤트 등과 같은 사업을 확인해 볼 때 그들의 믿음이 빠른 시일 내에 쉽게 이루어질 수 있는 문제가 아니라는 것을 알 수 있다. 문학의 오프라인 사업이라고 불리는 이들 사업에서 문학이 상업성을 가지려면 역으로 문학의 본령적 의미를 철저하게 되 살려야 한다. 독자가 문학 작품을 읽고 감동을 받는 것처럼, 문학 이벤트에 참여한 관객이 그와 유사한 감동을 받을 수 있어야 한다. 관객이나 참여자들이 직접 문학 작품 속의 주인공이 된 듯한 느낌을 갖게 하는, 즉, '소설 속의 주인공'이 되어 보는 것이다. 독서가 독자의 직접적인 참여에 의해 미적 향수가 가능하듯이 문학 축제나 이벤트 역시 관객이나 참여자가 직접 참여함으로써 미적 향수를 갖도록 해야 한다. 그런데 최근 일련의 문학 축제나 이벤트, 문학 기념관은 관객이나 참여자에게 문학 외적인 흥미와 관심을 유발시킬 뿐이다. 정작 문학을 어떻게 달라진 시대적 환경 속에 녹아들어갈 수 있도록 할 것인가에 대한 진지한 고민과 성찰이 빠져 있다. 이 점 역시 앞에서 보인 문학에 대한 학자들의 반응과 어느 정도 유사하다. 앞에서 보인 반응들이 달라진 미디어라는 매체와 그것이 전송 수단의 변화를 간과하거나 과장한 것에서 나온 문제였다면, 문학의 상업화는 오히려 관객과 참여자, 즉 수용자의 입장과 지향하는 바를 무시하고 디지털방식을 너무 기계적으로 대입한 것이 문제이다. 문학 기념관을 찾아가고, 문학 축제에 참여하는 사람들은 문학 작품을 읽었을 때의 향수와 그리움, 그리고 아스라한 옛 추억에 대한 그리움과 같은 정서들을 안고 있을 것이다. 이 정서를 충족시켜 주어야 하는데, 이것은 디지털시대와 아날로그의 접목인 '디지로그'를 통해 문제를 해결할 수 있을 것이다.

끝으로 문학 연구 종사자의 상위 그룹인 인문학자들이 인문학의 위기를 주창하면서 인문학의 본질을 되살리자는 목소리를 낸 적이 있다. 인간 삶의 중요한 척도가 부(富)로 결정되는 시대에서 재화의 가치가 없는 인문학을 하겠다는 학생과 연구자가 급격하게 줄어들고 있는 것은 분명히 위기이다. 인문학이 경제적 부와 상관이 없거나 대척점에 놓인다는 인식과 행동이 인문학을 더욱 더 궁지로 내 몰고 있다. 그런데 인문학이 정말 부와 대척되는 관계를 갖고 있는가. 부를 창출하는 척도가 여러 있겠지만, 인문학만큼 부를 창출할 수 있는 원동력이 되는 학문도 없을 것이다. 인간에 의한, 인간에 대한 학문이 인문학이고, 모든 것의 원천이 인문학에 의해 만들어지고 있는 것을 주지한다면 인문학에 대한 정의와 범주, 역할 역시 다양하게 나올 수 있음을 고려해야 한다.

본 연구는 문학을 중심으로 한 다양한 논의 속에서 간과되고 있는 '시대적 환경'을 문명사적 인식에서 집중적으로 조명하고자 한다. 문학이 탄생할 때의 시대적 환경이 있었던 것처럼, 지금, 현재,

이 시각에서의 시대적 환경이 무엇인지를 가늠하여 보고, 그 속에서 문학의 변화된 지형을 잡아 보도록 하겠다. 이를 통해 문학의 본령이 다시 보일 것이며, 문학에 대한 다양한 의견에 대해서도 답을 내릴 수 있지 않을까 한다. 달라진 시대적 환경을 한 마디로 대별하기 어렵지만, 일단 정보통신의 시대라는 말이 갖는 함의 속에서 찾아보겠다. 오늘날은 전기와 전자, 통신 기술의 발달에 의해 정보가 삶의 중요한 요소가 되었다. 전기와 전자, 그리고 통신기술의 발달은 우리 삶의 방식을 획기적으로 변화시켰다. 문학의 전달 방식과 가장 유사한 편지를 예를 들어 보겠다. 과거에는 편지의 발신자가 종이에 글을 써 우체통에 넣어 수신자에게 편지를 전달하였지만, 요새는 대부분 우체통 대신 인터넷 매체를 이용해 E-mail을 사용한다. 전기와 전자, 그리고 통신기술의 시대가 우리의 의사소통의 방식을 바꿔 놓은 것이다. 편지라는 서사적 양식과 표현의 방식이 소설 문학이 형성되는 데 큰 영향을 끼친 것처럼, E-mail 역시 디지털 환경에 맞는 문학을 새롭게 만들어내고 있다.

15세기 구텐베르크 이후 500여 년 동안 누렸던 인쇄기술의 시대가 저물고 있다. 그러면서 인쇄기술에 의해 태어난 문학이 전기(電氣 또는 電光)의 시대에 이르러 그 지위와 역할이 감소되고 있다. 인쇄기술이 낳은 인간의 감각이 전기 문화에 의해 변이가 이루어지며, 감각의 변이가 새로운 예술을 만들어내고 있다. 이와 같은 감각의 문제에서 문학의 새로운 지형을 살펴보고자 한다.

정보통신기술의 발달에 의한 디지털시대에서 가장 중요한 요소로 등장을 한 것이 데이터와 정보, 그리고 지식이다. 문학 작품이

데이터베이스 작업은 지식의 중요성을 인식한 것이고, 인문학의 데이터베이스 작업 역시 이와 같은 시대적 인식의 변화를 단적으로 보여주고 있다. 그런데 이러한 데이터와 정보, 지식이 어떻게 재화로서의 가치를 지니게 되며, 특히 인문학, 문학에 대한 개념과 정의가 많이 변할 수밖에 없는 점을 살펴보도록 하겠다.

마지막으로 한국문학 연구 종사자로서 문학 앞에 붙는 '한국'에 방점을 두고 생각해 보겠다. '한국'이라는 지역적 의미가 갖는 함의가 무엇인가. 특히 한국 현대문학 연구자가 일제강점기 이후 지금까지 한국문학을 대하는 태도와 인식이 인쇄기술에 의해 만들어진 문명사적 감각에서 벗어나지 못하였으며, 특히 한국과 다른 지역을 함께 생각하는 지역적 역사주의에서 자유롭지 못하였다. 식민주의와 탈식민주의, 지역화와 지구화, 지방화와 도시화 등의 이항대립적 사유에서 맴돌고 있어 왔다. 그러나 최근 한류에 의해 촉발된 아시아주의는 이러한 다양한 논의와 사유를 단번에 전환시킬 수 있는 계기를 촉발시키고 있다. 한국문학의 세계화라는 문제를 최근 동아시아의 문화적 환경 속에서 논의해 나가겠다.

## 2. 전기시대에서 문학

문학이 탄생할 때의 시대적 환경은 인쇄기술이었다. 이에 대해 맥루한은 인쇄의 원리란 "획일성, 연속성, 선형"[3]의 특징을 지닌다고 한다. 누구나 모두 같은 인쇄물을 보게 됨으로써 인간의 관념 역시 모두 같을 것이라고 생각을 한다. 인쇄물에 의해 획일적인 관념을 갖게 된 것이다. 이와 같은 획일성이 인간의 사고 방식 체계를 더욱 더 객관성 있게 갖도록 하였으며, 인간의 이성적 사유 능력을 더욱 더 증대시켰다. 이성적 사유는 인간의 근대적 모습을 갖게 하였으며, 인간과 자연, 인간과 인간을 분리시켜 놓는 데도 일조를 하였다. 실제가 보지 않은 자연의 공간을 이성적 사유를 통해 추정하거나 거리를 측정할 수 있게 된 것은 모두 인쇄물의 획일성이 가져다 준 결과이다. 그리고 자신과 같은 생각을 하는 인간, 그렇지 않은 인간을 분류해 낼 수 있고, 그 속에서 대결과 화합이 가능해질 수 있었던 것도 인쇄물의 획일성에 의해서다. 만약 이 세상 인쇄물이 모두 제 각각 다르다면 인간의 보편적이며 객관적인 사유 능력이 발달될 수 없었을 것이다. 그런 점에서 인쇄물의 획일성은 인간의 이성 능력을 함양시키는 데 큰 역할을 한 것이다. 그러한 역할이 국가와 민족의 공동체 의식을 갖도록 하는 데도 영향을 끼쳤다.

인쇄기술은 분열적이고 파편적이던 여러 영역을 동질화시켰는데, 특히 집단의 동질화를 가속화시켰다. 집단성은 권력을 낳았고, 그 권력에 의해 국가나 민족이 형성되었다. "인쇄 미디어를 중심으로 공간적 구조로 변환되었으며 권위와 권력의 중심은 교회로부터 국가로 옮겨졌고 아울러 중앙집권적인 정부와 민족주의를 성장시켰다."[4]는 주장은 인쇄물의 특성에서 기인한 것이다.

---

3) 마샬 맥루한, 박정규 옮김, 『미디어의 이해』, 커뮤니케이션북스, 2006, 15면.
4) 마샬 맥루한, 위의 책, 203면.

인쇄기술의 획일성이라는 특성에 의해 만들어진 이성적 사유 능력과 집단성과 공동체 의식은 그 시대에 맞는 예술을 만들어냈고, 문학 역시 이와 같은 인쇄 미디어의 환경 속에서 탄생되었다. "획일성은 또 구어와 글 쓰는 방법에까지 미쳐 독자와 주제에 대한 동일한 태도가 문장 전체에 일관하게 되었다."[5]고 한다. 하나의 문장이 비록 한 개인의 주체에 의해 만들어지고 그 속에 개인의 고유성이 담겨 있다고 하여도 문장의 의미를 공동체가 모두 공유할 수 있었던 것은 책으로 인쇄된 문학 작품이 모두 같기 때문에 가능한 일이다. 만약 인쇄물이 모두 각기 다르다면 작가의 고유성 또는 주체성을 생각할 수도 없었고, 독자 역시 사유의 독립성을 만들어 낼 수도 없었다. 인쇄의 획일성이라는 특성은 문학의 조건을 형성하는 데도 영향을 끼쳐, 집단의 공동체 의식을 함양시키며 이데올로기나 권력을 이뤄내는 데도 큰 역할을 하였음을 문학사에서 확인할 수 있다. 앤더슨이 문학 작품이 '상상의 공동체'를 만들어냈다고 지적하였듯이, 하나의 문학 작품이 그것을 읽는 공동체에게 하나의 공동체 의식을 준 점은, 일제강점기에 조선의 독립과 민족적 자주성을 염원하는 조선의 많은 독자들에게 자연스럽게 민족주의 심성을 갖도록 한 것이다.

인쇄가 갖는 획일성이라는 특성이 이처럼 인간의 능력과 집단주의, 그리고 국가와 민족을 이뤄내는 데 영향을 끼쳤다는 점은 하나의 미디어가 인류의 생활 환경 자체를 바꿔 놓았다고 하여도 과

---

5) 앞의 책, 204면.

언이 아닌 것이다. 그런 점에서 어떤 시대에 어떤 환경에서 가장 중요한 역할을 하고 있는 미디어가 무엇인가 하는 점이 새삼 중요하게 인식된다. 그렇다면 지금 현재의 미디어는 무엇인가.

21세기는 전기와 전자의 시대라고 한다. 전기시대가 되면서 가장 큰 변화는 인쇄기술 시대의 특성이었던 선형성(線形性)이 종지부를 찍게 된 것이다. 사물에 대한 인식을 연속적으로 하지 않고 순간적으로 하게 된다는 점이다. 맥루한은 이런 점을 두고 "'기계의 형태'에서 순간적인 '전기의 형태'로의 전환 속도가 빨라져감에 따라서 중앙집중적이 아니라 분산적"[6)]이 된다고 한다. 이 점은 전기가 순간성이라는 성질을 지니고 있기 때문이다. 이러한 전기의 속성이 인간의 감각에서도 변화를 주었다. 인쇄기술의 시대에는 인간의 시각이 두드러지게 작동을 하였으나, 전기기술의 시대에는 그렇지 않다. 미각과 후각, 시각과 촉각 등의 감각의 접촉 현상이 더 많이 벌어지게 되었다. 이것은 텔레비전이라는 미디어를 예를 들어 보면 더 분명히 알 수 있다. 인쇄기술 시대의 주된 미디어인 책은 인간의 시각만을 작동시킨다. 그러나 전기기술의 시대의 텔레비전이라는 미디어는 시각뿐만 아니라 청각을 같이 작동시켜야만 하고, 뿐만 아니라 촉각마저 반응하게 한다. 결국 전기시대의 미디어는 인간의 감각 기능을 확장시켜 놓은 것이다. 그렇다면 인쇄기술의 시대와는 달리 전기기술 시대는 인간의 감각이 이성 보다 더 중요하게 작용을 하는 시대라고 할 수 있다.

---

6) 앞의 책, 42면.

인쇄기술의 시대에는 시각이 두드러지게 나타나 그 반대로 전체를 지각하는 능력이 봉쇄되었다. 인쇄술이 발달하기 이전 인간이 귀를 사용한 청각과 피부로 직접 느끼는 촉각, 그리고 눈으로 확인을 하는 시각의 감각 기관이 각각 발달하여 제 각기 기능을 하면서 의사소통을 진행하여 왔었다. 그런데 인쇄술이 발달하면서 시각적적 기능만이 집중적으로 발달하다보니 이러한 다른 감각 기능들이 퇴화하게 된 것이다.

전기의 시대는 과거 구술문화에서 볼 수 있었던 인간 감각 기능의 접촉 현상이 다시 일어나고 있다. 데카르트가 근대를 '나는 생각한다 고로 존재한다'라고 하면서 존재의 근원이 인간의 이성적 사유 능력에 있다고 하였다. 데카르트가 살았던 시대는 인쇄기술의 시대로서 책을 통해 인간은 사유 능력을 표현하며, 그것을 통해 인간의 이성을 정립시켜 나갔던 시대이다. 즉 책이라는 미디어가 인간의 존재 근거가 된 것이다. 그렇다면 현재는 어떠한가. 인간이 누구인가 하는 물음을 현재 물어 본다면, '나는 느낀다 고로 존재한다'로 하여야 되지 않을까. 즉 인간의 감각에 의해 무엇을 느끼는지가 존재의 근거가 될 수 있다는 이야기이고, 미디어로 텔레비전이나 영화 같은 것이 될 수 있다. 현대 인간은 영상물을 통해 자신의 존재 이유를 밝히고 있는 것이다. 최근 UCC에서 볼 수 있는 것처럼 자신의 존재를 드러내는 방식이 문자와 같은 글이 되지 않고 영상물이 되고 있는 데서 그 예를 찾아 볼 수 있다.

전기의 시대는 우리의 삶의 양식을 많이 변화시켜 놓았다. 문자가 아닌 음성이나 음향, 영상과 같은 미디어로 자신을 표현하는 세계에서 인간의 이성보다는 감각이 더 먼저 중요하게 작동하고, 그 속에서 세계를 인식하는 방식은 종합적이고 개성적이다. 문학에도 큰 변화가 생겨난다. 일단 문학이 다른 미디어들과 결합하는 양상을 보이고 있다. 그리고 표현 방식이 문자에만 국한되지 않고 이미지, 동영상, 음성이나 음향 등과 결합된다. 시 작품을 이미지와 음악과 함께 제작하거나, 소설 작품을 하이퍼텍스트로 제작하는 데서 이러한 현상을 볼 수 있다. 한국 문학이 전기의 시대에서 얼마나 외연이 확장되었는지를 우리 주변에서 많이 확인하여 볼 수 있는데, 그것을 네 가지 범주로 나눠 보면 다음과 같다.

> 첫째, 기존의 작품이나 문학 자료들을 데이터베이스로 저장하여 웹 서비스를 한다.
> 둘째, 문학 작품을 음향과 영상과 같은 멀티미디어로 재생산하여 놓는다.
> 셋째, 문학의 향유과정이 바뀌어 인터넷문학이 형성되었다.
> 넷째, 문학이 다른 미디어의 원천소스 역할을 한다.[7)]

문학이 멀티미디어에 의한 인간 정신세계의 표현이라는 개념으로 바뀌고 있다. 내셔널리즘이나 개인주의, 이성이나 관념, 획일성과 반복성, 선형 등과 같은 개념은 전광의 시대에서는 사라지고,

7) 문학의 확장된 범주와 그 내용은 이미 졸고에서 밝혀 놓았으므로 본고에서는 생략하기로 한다.
우정권, 『한국문학콘텐츠』, 청동거울, 2005, 24면.

상호성, 참여성, 현실성 등의 특성과 의미가 문학 개념에 포함되고 있다. 작가와 독자의 이분법적인 개념은 사라지고, 독자가 작가가 되고, 비평가가 독립된 기능과 역할을 갖거나 권력을 행사할 수 없는 현상이 벌어지고 있다. 누구나 모두 작가, 독자, 비평가가 될 수 있는 상황에서 예술의 대중성이 확보되고, 그러면서도 고유성과 예술성이 더욱 더 발휘되고 있다. 웬만큼 표현해서는 사람들로부터 관심과 시선을 끌 수 없기 때문에 정교해지고, 표현력이 고도로 발달하게 된다. 그것도 문자로만 표현하지 않고, 이미지나 동영상, 음성이나 음향 등과 함께 표현하기 때문에 인간의 감각을 더 자극하게 된다. 그렇지만 원래부터 갖고 있던 문학의 개념이 사라지지는 않는다. 맥루한이 미디어의 발달은 인간의 감각의 분할과 비율을 달리할 것이라고 하였던 것처럼, 멀티미디어에 의한 문학의 표현은 달라지겠지만 문자에 의해 인간의 정신세계를 표현하던 방식은 여전히 유효한 채 사라지지 않을 것이다.

## 3. 지식시대에서 문학

인간은 지금까지 살아오면서 다양한 지식을 축적하였고, 이와 같은 지식에 의해 개인과 사회적 존재의 의미를 해석하여 왔다. 지식을 얻음으로써 자기 자신을 되돌아 볼 수 있게 되어 참된 자아를 찾을 수 있게 될 뿐만 아니라 사회와 제도, 구조 등을 이해함으로써 사회적 자아를 형성할 수 있기도 하였다. 더 나아가서는 인간의 역사 속에서 범한 잘못을 교훈 삼을 수 있는 자료를 습득하기도 하여 미래를 보다 좋은 방향으로 나아갈 수 있기도 하였다.[8] 그런데 이와 같은 지식에 대한 개념과 이해가 컴퓨터와 웹 사이트, 텔레비전과 같은 대중매체의 발달에 의해 바뀌고 있다. 그뿐만 아니라 미래 사회에 지식이 석유와도 같은 가장 중요한 에너지가 될 것이라고 한다. 엘빈 토플러는 “부 창출 시스템은 한계 자원에서 벗어나 근본적으로 무한한 자원이자 경제성장의 주요 요인이 될 데이터, 정보, 지식의 축적과 생성에 의해 좌우될 것”[9]이라고 한다. 지식이 우리 생활에서 중요하게 자리 잡은 것은 ‘모르는 것이 있으면 네이버에 물어봐’라는 말에서도 알 수 있다. 네이버의 지식 검색 서비스는 다양한 지식 정보를 저장하여 사용자의 요구에 따라 제공하고 있다. 여기에 전문지식 서비스까지 제공하여 지식을 상품처럼 사고 팔기도 한다. 이 포털사이트가 다른 검색 사이트보다 인기가 높은 것은 사용자들이 좋아하는 선호도 중심으로 지식과 정보를 배열하여 놓는 점에 있다. 이처럼 어떤 정보와 지식을 분리하고 배열하고, 또 이들끼리 결합시키고 상호 관련성을 맺는 일을 데이터 마이닝(data mining)이라고 한다. 이 일을 하는 데이터마이너는 전혀 다른 별개의 정보와 지식을 결합시키고 정리하면서 또 다른 지식 체계를 만들어 낸다. 이처럼 데이터마이닝의 작업이 지금까지의 계열과 통합체에 의한 관계의 틀을 깨고 있다. 전혀 어울릴 것

8) 우정권, 「문학콘텐츠, 문학의 위기에서 기회로」, 『민족문학』, 민족문학사연구회, 2006.

9) 엘빈 토플러, 『부의 미래』, 청림출판사, 2006, 154면, 178면.

같지 않은 정보와 지식이 하나로 통합되는 일이 데이터마이너의 데이터마이닝의 작업에 의해 가능해지고 있는 것이다. 우리 사회에서 최근 컨버전스나 통섭이라는 말을 자주 듣게 되는데, 이것은 서로 다른 지식의 결합에 의해 새로운 지식 체계가 만들어지고 있음을 보여준다. 결국 지식은 "끊임없이 변화하는 패턴을 담은 모음집이 될"10)것이라고 한다.

지식체계의 변화는 우리 사회를 많이 바꿔놓을 것이고, 그 속에서 가치관 역시 변할 수밖에 없을 것이다. 그때 진실과 진리가 무엇인가 하는 문제가 생겨난다. 지식은 진실이나 진리를 만들어 인간 삶의 질서의 원칙으로 작용해 왔다. 그렇다면 어떻게 진실을 만들어낼 것인가 하는 문제는 결국 그 사회와 문화, 그리고 공동체의 의식에 의해 결정되어진다. 다시 원점으로 돌아와 정보와 지식의 무한한 활용가치 증대는 그 속에서 인간의 진실이 무엇인가 하는 물음으로 되돌아가고, 결국 인간의 존재에 대한 물음도 묻게 된다. 즉, 인문학이 그 어느 때 보다 중요하게 된 것이다.

지식의 보고인 정보재는 인간의 행위에 관한 것이고, 삶의 방향에 대한 예의에서 비롯된 것이어서 '인문학'의 기본적 명제와 연결된다.11) 인문학이 인간의 삶에 기초를 두고 있으며, 인간의 삶과 자아에 대한 해방으로 나아가고 있는 점은 지식을 축적하고 생성시켜 나가면서 인간의 삶을 되돌아보는 것과 같다. 최근 인문학에 대한 정의 역시 많이 변화하고 있는데, 문자가 아닌 비문자를 포함

10) 앞의 책, 218면.
11) 우정권, 『한국문학콘텐츠』, 청동거울, 2004, 22면.

한 문화 활동을 통해 사람다움을 표현하는 것[12]도 인문학의 범주 속에 넣고자 한다. 좀 더 구체적으로 디지털미디어 뿐만 아니라 각기 다양한 인문학적 유산을 콘텐츠라는 용어 속으로 적용하고자 한다. '인문콘텐츠가 인류의 공동선(共同善), 인간화, 인간 해방을 지향'[13]한다고 하는 것은 기존의 인문학의 정의와 사고 영역에서 크게 벗어나지 않았다. 인문학이 문화콘텐츠 사업에 적극적으로 참여하여야 한다는 논리는 상당한 설득력을 지닌다. 특히 몇 년 전부터 한국문화콘텐츠진흥원에서 벌이고 있는 '문화원형 복원사업'에서 인문학이 주도적 역할을 하고 있으며 어느 정도 성과를 내고 있는 점은 눈여겨 보아야 할 사항이다. 문학과 역사학, 철학, 과학, 사회학, 경영학, 디자인학 등의 학제간의 공동 연구에 의해 한국의 전통문화를 콘텐츠화 시키는 작업은 한국문화의 전통성과 역사성을 축적하고 복원하여 다양하게 사용될 수 있는 계기를 줄 것이다. 가령 해독과 난독의 어려움 때문에 보기 어려웠던 과거 역사의 기록들(가령 조선왕조실록, 조선시대 검안 기록, 대하소설 등)을 디지털 환경으로 인해 보다 쉽게 접하게 되었고, 그럼으로써 과거에 대한 이해와 해석, 인식이 달라지는 현상을 보게 된다. 디지털이라는 환경이 우리의 인간의 생각을 다양하게 만들었고, 이로 인해 우리의 현재를 바라보는 인식 또한 변화하게 된 것이다. 더 나아가 그러한

12) "일차적으로 문자, 그리고 이차적으로 비문자를 포함한 문화 활동을 통해 사람다움의 표현을 모색"하는 것을 표현인문학으로 정의내릴 수 있다고 한다(정대현 외, 『표현 인문학』, 생각의 나무, 2000, 29면).

13) 김기덕, 「콘텐츠의 개념과 인문콘텐츠」, 『인문콘텐츠』 창간호, 인문콘텐츠학회, 2003.6, 22~23면.

과거의 기록이 현재의 삶에 다양하게 사용되는 원천 소스와 역할을 함으로써 과거의 지식과 담론이 생산적 가치, 즉 재화와 상품으로서의 의미를 더 갖게 된다. 인문학이 지금까지 인간의 삶을 기초로 하고, 그 속에서 인간에 대한 학문이라는 제한적 의미를 지녔다면, 앞으로는 디지털 환경에 의한 멀티미디어의 도움으로 인간의 삶과 사회, 그리고 자아의 문제를 다양하게 생각하고 고민할 수 있는 방향으로 나아갈 것이다.

한편에서 인문학의 위기를 이야기하고 있을 때 한국문학은 시대의 환경에 적응하기 위해 노력하고 있으며 새로운 문학의 패러다임을 만들어 내고 있다. 그 중 가장 눈여겨 볼 것이 디지털미디어 환경에 의한 멀티미디어로 제작되고 있는 문학콘텐츠이다. 문학콘텐츠는 문학 작품을 소스로 하여 멀티미디어로 다양하게 활용될 수 있는 방법을 제시하는 데 있다. 문학콘텐츠는 크게 세 영역으로 나눠볼 수 있다.

첫째, 스토리텔링.
둘째, 미시콘텐츠.
셋째, 에듀테인먼트.

스토리텔링은 문학 작품을 원천 소스로 한 드라마나 영화, 뮤지컬, 애니메이션, 게임 등의 제작물의 이야기를 말한다. 아무리 콘텐츠가 잘 만들어도 그 속에 이야기가 빠지면 안 되는 것처럼 스토리텔링은 모든 콘텐츠에 기본적으로 갖춰야 할 부분이다. 미시콘텐츠는 문학 작품을 소스로 의상, 음식, 주거 환경 등의 생활 문화와 영화관, 백화점, 다방 등의 문화 공간 등의 콘텐츠를 개발하는 것이다. 가령 30년대 대중문화공간인 영화관을 소재로 한 문학 작품의 내용을 미시콘텐츠로 만들어낼 수 있다. 그 당시의 공간을 재현시켜 놓는 것이다. 에듀테인먼트는 문학 작품을 각종 하이퍼미디어로 제작하고 여기에 엔터테인먼트와 같은 재미라는 요소를 가미한 콘텐츠를 말한다. 이러한 것들이 가능하려면 문학 작품에 대한 데이터베이스 작업을 잘 해 놓아야 한다. 디지털로 바뀐 문학작품은 하이퍼텍스트로 바뀔 수 있으며, 각종 다양한 콘텐츠 개발의 원천 소스가 될 수 있다. 데이터베이스로 구축된 한국 현대 소설은 다양한 검색어를 통해 소팅이 되고, 필요에 의해 문장과 단락을 하이퍼링크 시킬 수 있으며, 여기에 하이퍼텍스트 기능을 추가하고, 다시 영화와 드라마로 제작된 장면과 동영상을 하이퍼미디어로 제작할 수 있다. 이와 같은 디지털환경의 변화에서 활용 가치는 무한대이다. 가령 1920년대 연애의 방식이 무엇인지 궁금할 때 20년대 염상섭, 김동인, 이광수 소설을 불러내 '연애'의 검색어를 찾아내고, 문장과 단락, 주제 등을 하이퍼텍스트로 찾아내면서 각종 사진과 이미지, 동영상 등을 하이퍼미디어로 볼 수 있다. 이와 같은 점은 중고등학교 학생들에게는 교육 매체로 활용될 수 있고, TV 드라마 제작국이나 영화 시나리오 제작자들에게는 원천소스가 될 수 있으며 애니메이션이나 게임 등에서는 연애의 역사성을 담아낼 수 있는 기초가 될 수 있다.

문학을 하나의 지식으로 볼 때 그 가치는 무한대라고 다소 과장하여도 무방하다. 콘텐츠를 개발하는 이유가 재미와 감동의 즐거움에 있다면 문학만큼 그에 합당한 것도 드물 것이다. 또한 삶의 교훈과 역사적 가치가 갖는 의미를 주는 것이 문학이므로 정보시대에 문학은 더 의미와 가치가 발현되고 있다.

## 4. 글로컬시대에서 문학

미국 국가정보위원회의 2020 보고서[14]를 보면, 2020년 정도 되면 중국과 인도가 세계 강국[15]이 되면서 아시아의 문화가 전 세계에 전파되어 있을 것이라고 한다. 그리고 엘빈 토플러 역시 『부의 미래』라는 책에서 "아시아를 향한 부의 역사적인 이동, 다양한 경제 기능의 디지털화, 국경을 넘어서는 지역의 출현, 장소와 위치를 중요시하는 기준의 변화와 같은 모든 현상들이 심층 기반의 공간과 관계된 커다란 변화의 일부분이다."[16]라고 하면서 아시아의 중요성을 역설하고 있다. 그러면서 이들 보고서와 책에서는 한국에

---

14) 미국 국가정보위원회가 작성한 보고서를 한국 국가정보원에서 번역하여 한국의 2030 계획 수립을 위한 참고 자료로 삼은 대외비 보고서이다.

15) 엘빈 토플러는 "2003년은 아시아의 분수령이라 해도 과언이 아니다. 심지어 일본과 인도는 계산에 포함시키지 않았는데도 싱가포르, 한국, 대만, 중국의 총GDP가 유럽의 5개 경제 대국인 독일, 프랑스, 영국, 이탈리아, 스페인의 총계와 거의 맞먹었다. 일본과 인도까지 포함하면 6개 아시아 국가의 총 GDP는 EU의 25개국보다 3조 달러가 많으며, 이는 미국보다도 많은 액수이다."(앞의 책, 108면)

16) 엘빈 토플러, 앞의 책, 117면.

서 시작된 한류가 아시아의 문화가 세계에 전해지는 데 큰 역할을 하였다고 지적을 한다.

2001년 중국에서부터 불기 시작한 '한류'가 동아시아인을 하나의 문화적 공동체 의식을 갖도록 하는 데 큰 기여를 하였다.

> 한국 문화열의 뿌리는 바로 사회에 대한 관심, 인생에 대한 관조, 농후한 생활의 맛 등을 시종일관 세밀하고 현실적으로 표현해 낸다는 점에 있다. 이것이 바로 한국문화가 중국인들을 강하게 끌어당기는 요인이다. …(중략)… 한국 드라마에서 나타난 ㉠ 유행과 휴머니즘, 사회세태의 반영 및 문화적 함의는 동방문화 특유의 멋과 끝없는 매력을 느낄 수 있도록 해준다. 이것 또한 중국에서 '한국의 조류'가 뜨겁게 달아오른 요인이다.[17] (밑줄-인용자)

> ㉡ 중국과 한국의 문화적 배경은 서로 비슷하고, 한국은 儒家文化의 영향을 깊게 받았다. 따라서 양국의 평범한 대중들은 감정의 표현이나 가치관, 사유방식 등에서 비슷한 점이 있기 때문에 자연스럽게 한국의 문화 상품이 중국인의 마음을 쉽게 움직인

17) "這兩年韓國文化逐漸地火了起來. 電視台熱播韓國電視劇, 電影資料館擧辦韓國電影展映, 劇場演出韓國的戲劇, 音樂和舞蹈, 育館裏灌滿了韓國'酷哥' '辣妹'們火辣奔放間或幽情萬種的聲音……韓國文化熱……根源於其關注社會, 關注人生, 始終表現出一種濃鬱的生活氣息, 這或許才是它們最突出的魅力所在……韓劇中流露出來的風俗時尚, 人情世態和文化蘊含, 足以使人們眞切地領略到東方文化特有的意味和無窮的魅力, 在某種意義上說來, 這也是'韓潮'在中國熱氣來的原因所在" 仲言, <韓風刮過之後>『人民日報』, 2001年 11月 4日字.

것이다.[18] (밑줄-인용자)

중국 『인민일보』에 실린 위의 기사 ㉠과 ㉡을 보면, 한국의 대중문화가 중국과 같은 儒家文化란느 문화적 배경을 갖고 있었기 때문에 급속하게 전파될 수 있었으며, 또한 동아시아인의 독특한 휴머니즘에 의해서라고 한다. '한류'가 생기기 전부터 이미 역사적으로 오래 전부터 한국과 중국, 일본 등의 동아시아 국가들은 서로 비슷한 문화적 전통을 같이 공유하면서 지내 왔다. 특히 1990년 후반부터 대중문화의 '트랜스 아시아'가 붐을 일으키면서 동아시아인의 문화적 교류가 증대되기 시작하였다. 홍콩의 영화와 패션이 갖는 남성적 매력과 '멋진'이미지, 현대적이면서 전통적 아시아 색채가 아시아인들에게 당대적 문화 감각으로 상호 소통할 수 있는 길을 열어 놓았다. 그 결과 자국의 문화와 다른 문화가 상호 교합하는 '혼종화' 현상으로 발전하였다. 이와 같은 '혼종화' 현상은 2차 세계대전에 의해 생겨난 가해자와 피해자라는 역사적 이해관계를 벗어던질 수 있는 기회를 주었다. 다시 말해 서로 다른 문화가 뒤 섞이면서 이중성과 중간성이 강조되면서 문화의 순수성과 진정성을 강조하는 쇼비니즘이나 민족주의에서 탈피할 수 있게 된 것이다. 이와 같은 역사적 흐름 속에서 한류가 동아시아의 문화 지형도를 또 다르게 바꿔 놓는 계기가 되었다.

---

18) "中韓兩國文化背景相似, 韓國深受儒家文化的影響. 因此, 兩國普通公衆在情感表達, 價値觀念和思惟方式方面都有相似之處, 自然韓國的文化産品很容易打動中國人的心" 『人民日報』, 2004年 12月 24日字.

한국의 드라마와 영화와 같은 대중문화가 세계화(Globalization)라는 시대적 상황에서도 동아시아의 지역화(Localization)를 이루는 데 촉매제 역할을 하고 있다. 글로벌과 로컬이라는 상호 모순이 무화되면서 하나로 융합되는 '글로컬리즘(Glocalism)'[19]을 만든 것이다. '세계의 패러다임이 정치 경제에서 문화 문명으로 그 흐름이 바뀌면서 세계는 몇 개의 문화권으로 네트워크되는 상황으로 변했다.'[20] 그러한 상황에서 한국의 대중문화가 동아시아인을 하나로 묶는, '감각의 공동체'[21]를 이루도록 한 것이다. 한류가 '동아시아 지역의 문화소통과 상생의 논리에 기여할 수 있는 가능성을 주었으며, 한류가 아류 문화제국주의의 속성을 과감하게 탈피해 동아시아 주민들의 공동 존재적 연대감 증진에 기여할 수 있게 되었다.'[22] 또한 '세계화가 견인한 동아시아적 문화산업의 파노라마'라고도 할 수 있다.[23] 동아시아 국가들이 자국의 문화 속에 한국의 대중문화를 접목시키면서 세계화와 지역화를 동시에 이뤄나가는 현상을 경험하고 있는 것이다.

한류가 포스트콜로니얼과 후기자본주의 맥락에서 동아시아 지역의 문화적 공동체를 형성하여 상호 소통하면서 상생의 기반을

---

19) 글로벌과 로컬리즘의 합성어로서 세계화의 지역화라는 의미를 담고 있다.
20) 유럽, 북미, 아시아-태평양권으로 분할되면서도 상호 소통하는 관계를 맺고 있다. 이질적이고 대립적인 관계가 아닌 상호 협조적인 네트워킹을 이루고 있다.
21) 문자에 의해 만들어진 것을 '상상의 공동체'라고 한다면 멀티미디어에 의해 만들어진 것은 '감각의 공동체'라고 할 수 있을 것이다.
22) 윤평중, 「한류의 문화철학과 세계화」, 『철학과 현실』, 60면.
23) 장-피에르 베르니에, 『문화의 세계화』, 한울, 2000, 67면.

마련할 수 있는 기반을 제공한 점에서 상당한 의의를 지니고 있다.[24] 특히 문화제국주의적 세계화에 투합되지 않으면서 동아시아인들의 공동체 의식을 형성한 점은 높이 평가할 수 있는 부분이다.

한류가 드라마와 영화, 음악 중심으로 이뤄졌다면, 한국의 문학작품이 여기에 포함될 수 있는 방법이 무엇인가에 대해 생각하여 본다. 영상과 음악이 문학 작품 보다 번역성과 전파력이 더 높은 이점을 갖고 있다. 그러나 문학이 작품이 아닌 다른 미디어로 다양하게 사용될 수 있는 소스가 된다면 번역성과 전파력의 단점을 극복할 수 있다. <춘향전>이나 <심청전>과 같은 고전소설을 애니메이션이나 영화로 만들거나, <칼의 노래>와 같은 현대소설을 영화나 게임으로 제작할 수 있을 것이다. 이 세계에 널리 퍼진다면 한국문학이 그 어느 때보다 쉽고도 빠르게 전달될 수 있을 것이다. 또한 한국문학의 지방성이 극복될 수 있는 계기가 마련될 것이다.

더욱이 세계인을 하나의 가상 공간으로 모이게 하는 인터넷의 보급은 데이터베이스나 전자책으로 저장된 한국문학을 세계인들이 공유할 수 있는 터전이 될 것이다. 디지털콘텐츠로 제공된 한국문학작품이 북미나 유럽, 아시아인들을 하나의 네트워크로 연결되도록 할 것이다. 현재 재외동포문화재단이 주관하고 있는 해외 한인 문학가와 문학작품의 네트워킹이 '한민족문학네트워크'라는 이름으로 활발하게 이뤄지고 있다. 이처럼 인터넷 네트워킹에 의해

24) 한류를 문화상품화에 의한 일시적인 현상으로 본다든지, 문화제국주의의 논리에 결국 편입되고 말 것이라는 시각은 한류의 동아시아적 공동체적 연대감을 경시하는 데서 비롯된 것이다.

한국문학을 세계인들에게 알리어 세계인들과 한국문학이 모두 하나의 가상의 공간에서 만나 대화를 나누고, 토론을 하고, 사유 방식을 이야기하다 보면 세계인과 한국인이 하나가 될 것이다. 그렇게 함으로써 자연스럽게 한국문학의 세계화가 이뤄질 것이다.

## 5. 맺음 말

문학이 인쇄기술의 시대에 태어났듯이, 전기의 시대에서는 새로운 예술 표현 방식이 나와야 되지 않겠는가 반문하여 볼 수 있다. 물론 그러한 징조로서 여러 예술이 새롭게 등장을 하고 있지만, 그것이 시대적 대세의 흐름으로 자리 잡을는지, 아니면 일시적으로 나타난 현상에 불과한 것인지에 대해서는 좀 더 관찰할 필요가 있다. 문학의 역할이 더 증대되고 있는 상황에서 문학 자체를 버리고 새로운 예술로 기대 지평을 옮길 것이 아니라, 문학의 외연과 내포의 의미를 시대적 환경에 맞게 바꾸면 되지 않을까 한다.

전기와 디지털, 정보통신기술 시대의 문학은 집단성을 이루고 이데올로기를 만들어내는 역할보다는 사용자들에게 즐거움과 감동을 주며, 살아가고 있는 의미를 느끼도록 하여야 한다. 문학은 정보가 되고, 지식이 됨으로써 정보재가 된다. 새로운 방식의 상품 가치가 만들어지는 것이다. 그리고 글로컬의 시대에서 문학은 한국의 지역성과 지방성을 극복하여 세계성을 가질 수 있게 된다.

한국문학콘텐츠는 한국문학 연구의 새로운 방향을 마련할 것이다. 특히 역사와 철학과 함께 인문학을 근간으로 하여 미디어, 공학, 예술학, 경영학 등과의 학문과의 연계를 통해 새로운 학문 분야도 만들어낼 것이다. 이와 같은 현상은 '통섭'과 '소통', '연계' 등의 말로써 인문학과 자연과학, 공학 등을 새로운 학문 분야를 만들어내는 것과 일맥상통하다. 디지털환경에서 만들어진 문학은 연구의 발판을 만들어 산업화의 다양한 모습에서 또 다른 문학의 장을 펼쳐나갈 것이기에, 문학은 죽지 않으며, 다만 그 모습만 바뀔 뿐인 것이다.

본 연구가 문학이 새로운 시대적 환경(전기, 지식, 글로컬)에서 어떻게 바뀌게 되었는지에 대해 살펴봄으로써 자칫 구체적이고 세부적인 논의가 많이 생략되어 있다. 이것은 차후 지면을 통해 자세하게 논의를 펼쳐나갈 것이다.

## 참고문헌

### 1. 단행본

강현구, 『문화콘텐츠와 인문학적 상상력』, 글누림. 2005.

김경식, 『애니메이션과 스토리텔링』, 글누림, 2005.

김교빈, 『문화원형의 개념과 활용』, 인문콘텐츠, 2005.12.

김의숙, 이창식 편저, 『문학콘텐츠와 스토리텔링』, 역락, 2005.

마샬 맥루한, 박정규 옮김, 『미디어의 이해』, 커뮤니케이션북스, 2006.

박유희, 『디지털 시대의 서사와 매체: 문화콘텐츠의 통합적 분석을 위한 서사론적 모색』, 동인, 2005.

엘빈 토플러, 하이디 토플러, 김종웅 옮김, 『부의 미래』, 청림출판, 2006.

옥성수, 심광현, 이상빈, 경제 · 인문사회연구회 편, 『문화산업 분야에서의 인문학 활용현황과 활성화 방안』, 경제 · 인문사회연구회, 2005.

우정권, 『한국문학콘텐츠』, 청동거울, 2004.

최민성, 『멀티미디어 상상력과 문화 콘텐츠: 미디어를 넘나들며 상상하고 창조하기』, 논형, 2006.

최예정, 김성룡, 『스토리텔링과 내러티브』, 글누림, 2005.

최혜실, 『문화콘텐츠, 스토리텔링을 만나다』, 삼성경제연구소, 2006.

### 2. 논문

김교빈, 「한국 전통문화 콘텐츠 세계화 전략과 인문학의 역할-문화관광부 '한 브랜드' 추진 전략」, 『인문콘텐츠』, 2005.06.

김기덕, 「문화원형 디지털콘텐츠화사업의 사회적 효용」, 『인문콘텐츠』, 2005.06.

김성민, 「매체에 대한 철학적 분석-맥루한의 매체론과 포스터의 정보양식론」, 『인문콘텐츠』, 2004.06.

류철균, 「디지털 시대의 한국 현대문학」, 『국어국문학』 143, 2006.09.

류현주, 「문학에서 문화콘텐츠로」, 『작가와 사회』 18호, 2005년 봄.

박기수, 「대중문화 콘텐츠 서사의 향유 전략 연구」, 『인문콘텐츠』, 2003.12.

우정권, 「문학콘텐츠, 문학의 위기에서 기회로」, 『민족문학』, 민족문학사연구회, 2006.

우한용, 「매체와 언어의 운명」, 『국어국문학』 143, 2006.09.

이용욱, 「디지털 시대 문학 연구방법론의 새로운 모색 1」, 『국어국문학』 143, 2006.09.

임영상, 「문화콘텐츠 개발과 인문학」, 『인문콘텐츠』, 2005.

정경운, 「호남문화콘텐츠의 활용방안연구: 호남문학정보시스템을 중심으로」, 『호남문화연구』 35집, 2004.12.

# 한류시대의 내러티브

## 1. 한류와 동아시아 공동체: 한류의 글로컬리즘

서울 시내 5개 대학의 한국어학당에서 한국어를 배우고 있는 아시아 출신 유학생 1,074명을 대상으로 2005년 1월 『중앙일보』에서 '한류'에 대한 설문 조사를 실시하였다. 이들 중 드라마와 영화를 통해 한국 이미지가 좋아졌다고 답한 학생 수는 과반수가 넘는 53%나 되었다.[1] 그리고 대중매체에 의해 한국어를 공부하겠다고 결심을 한 학생들이 30%나 되었다(『중앙일보』, 2005년 1월 3일, 5면). 또한 일본의 NHK 방송사가 2004년 가을 일본인 2,200명을 대상으로 설문조사를 한 결과, 드라마 '겨울연가'를 통해 26%가 '한국에 대한 인상이 바뀌었다'고 대답을 했고, '겨울연가' 등으로 한국에 대한 관심이 높아지는 것을 '좋은 일'이라고 답한 비율은 45%나

1) 『중앙일보』, 2005년 1월 3일, 5면.

됐다.

이처럼 2001년 중국에서부터 불기 시작한 '한류'가 한국의 이미지를 획기적으로 변화시키는 데 큰 역할을 하였다. 또한 동아시아인들이 하나의 문화적 공동체 의식을 갖도록 하는 데 큰 기여를 하였다.

> 한국 문화열의 뿌리는 바로 사회에 대한 관심, 인생에 대한 관조, 농후한 생활의 맛 등을 시종일관 세밀하고 현실적으로 표현해낸다는 점에 있다. 이것이 바로 한국문화가 중국인들을 강하게 끌어당기는 요인이다. …(중략)… 한국 드라마에서 나타난 ㉠ 유행과 휴머니즘, 사회세태의 반영 및 문화적 함의는 동방문화 특유의 멋과 끝없는 매력을 느낄 수 있도록 해준다. 이것 또한 중국에서 '한국의 조류'가 뜨겁게 달아오른 요인이다.[2] (밑줄-인용자)

> ㉡ 중국과 한국의 문화적 배경은 서로 비슷하고, 한국은 儒家文化의 영향을 깊게 받았다. 따라서 양국의 평범한 대중들은 감정의 표현이나 가치관, 사유방식 등에서 비슷한 점이 있기 때문

---

2) "這兩年韓國文化逐漸地火了起來. 電視台熱播韓國電視劇, 電影資料館擧辦韓國電影展映, 劇場演出韓國的戱劇, 音樂和舞蹈, 育館裏灌滿了韓國'酷哥''辣妹'們火辣奔放間或幽情萬種的聲音……韓國文化熱……根源於其關注社會, 關注人生, 始終表現出一種濃鬱的生活氣息, 這或許才是它們最突出的魅力所在……韓劇中流露出來的風俗時尙, 人情世態和文化蘊含, 足以使人們眞切地領略到東方文化特有的意味和無窮的魅力, 在某種意義上說來, 這也是'韓潮'在中國熱氣來的原因所在" 仲言, <韓風刮過之後>『人民日報』, 2001年 11月 4日字.

에 자연스럽게 한국의 문화 상품이 중국인의 마음을 쉽게 움직인 것이다.[3] (밑줄-인용자)

중국『인민일보』에 실린 위의 기사 ㉠과 ㉡을 보면, 한국의 대중문화가 중국에 급속하게 전파될 수 있었던 이유는 같은 문화적 배경을 지닌 儒家文化의 영향과, 동방 문화의 독특한 휴머니즘에 의해서라고 한다. 한국과 중국, 일본 등의 동아시아 국가들이 서로 비슷한 문화적 전통과 향유 속에 있음을 알 수 있다. 한류가 생겨나기 전부터 동아시아국가들은 서로 대중문화를 상호 소통하여 왔다. 대중문화의 '트랜스 아시아'가 있어 왔던 것이다. 1990년 후반 이후 홍콩의 대중문화가 동아시아에 전파되면서 커다란 붐을 일으켰다. 남성적 매력과 '멋진'이미지, 현대적이면서 전통적 아시아의 색채를 띤 영화와 패션이 아시아인들에게 상호 소통할 수 있는 길을 열어 놓았다. 그 결과 자국의 문화와 다른 문화가 서로 '혼종화' 현상이 벌어지면서 이질적인 두 문화의 상호 교합이 이뤄지는 양상으로 발전하였다. 이와 같은 '혼종화' 현상은 2차 세계대전에 의해 가해자와 피해자라는 역사적 이해관계에서 벗어나게 되었음을 알려준다. 다시 말해 서로 다른 문화가 뒤 섞이면서 정체성의 혼란이 오고, 이중성과 중간성이 강조되고, 문화의 순수성과 진정성을 강조하는 쇼비니즘이나 민족주의에서 탈피할 수 있

---

3) "中韓兩國文化背景相似, 韓國深受儒家文化的影響. 因此, 兩國普通公衆在情感表達, 價値觀念和思惟方式方面都有相似之處, 自然韓國的文化産品很容易打動中國人的心"『人民日報』, 2004年 12月 24日字.

게 되었다. 여기에 한류가 동아시아의 문화 지형도를 또 다르게 바꿔 놓은 것이다.

한국의 드라마와 영화와 같은 대중문화가 세계화(Globalization) 속에서 동아시아의 지역화(Localization)를 이루는 데 촉매제 역할을 하고 있다. 글로벌과 로컬이라는 상호 모순적인 관계 속에서도 한국의 대중문화가 동아시아인들에게 공동체 의식을 갖도록, 즉 '글로컬리즘(Glocalism)'[4]을 만들었다. '세계의 패러다임이 정치 경제에서 문화 문명으로 그 흐름이 바뀌면서 세계는 몇 개의 문화권으로 네트워크 되는 상황으로 변했다.'[5] 그러한 상황에서 한국의 대중문화가 동아시아인을 하나로 묶는, 상상의 공동체를 이루도록 한 것이다. 한류가 '동아시아 지역의 문화소통과 상생의 논리에 기여할 수 있는 가능성을 주었으며, 한류가 아류 문화제국주의의 속성을 과감하게 탈피해 동아시아 주민들의 공동 존재적 연대감 증진에 기여할 수 있게 되었다.'[6] 또한 '세계화가 견인한 동아시아적 '문화산업의 파노라마'라고도 할 수 있다.[7] 한류가 문화적 공동체 의식에 의해 세계화가 이뤄지면서 동시에 지역화 역시 다양한 계층을 이루면서 발전해 간다는 글로컬에 의해 아시아인들에게 빠르게 전파될 수 있었던 것이다. 그들은 자국의 문화 속에 한국의 대

---

4) 글로벌과 로컬리즘의 합성어로서 세계화의 지역화라는 의미를 담고 있다.

5) 유럽, 북미, 아시아-태평양권으로 분할되면서도 상호 소통하는 관계를 맺고 있다. 이질적이고 대립적인 관계가 아닌 상호 협조적인 네트워킹을 이루고 있다.

6) 윤평중, 「한류의 문화철학과 세계화」, 『철학과 현실』, 60면.

7) 장-피에르 베르니에, 『문화의 세계화』, 한울, 2000, 67면.

중문화를 접목시키면서 세계화와 지역화를 동시에 이뤄나가는 현상을 경험하고 있는 것이다.

한류가 포스트콜로니얼과 후기자본주의 맥락에서 동아시아 지역의 문화적 공동체를 형성하여 상호 소통하면서 상생의 기반을 마련할 수 있는 기반을 제공한 점에서 상당한 의의를 지니고 있다.[8] 특히 문화제국주의적 세계화에 투합되지 않으면서 동아시아인들의 공동체 의식을 형성한 점은 높이 평가할 수 있는 부분이다.

> 한류의 주류를 형성하고 있는 드라마와 영화는 급성장하고 있다. '내 여자 친구를 소개합니다'나, '야수'와 같은 영화나, 드라마 '슬픈연가' 등이 사전 제작 단계부터 판권이 일본, 대만, 홍콩 등의 동아시아 국가에 팔려나가거나 홍콩이나 일본 펀드에 의해 제작이 되는 경우가 많아지는 것에서 알 수 있다. 최근 들어서는 드라마와 영화 외에 게임, 캐릭터, 애니메이션 등과 같은 문화콘텐츠산업과 한국어 붐, 팬덤, 음식, 관광, 패션과 같은 문화산업 전반에 걸쳐 한류가 확대되어 가는 양상을 띠고 있다. 한국 정부 역시 범정부 차원에서 한류를 지원하고 있을 뿐만 아니라 한국의 미래 성장의 동력[9] 중 하나로 삼고 여러 가지 대책을 마련하고 있다.[10]

8) 한류를 문화상품화에 의한 일시적인 현상으로 본다든지, 문화제국주의의 논리에 결국 편입되고 말 것이라는 시각은 한류의 동아시아적 공동체적 연대감을 경시하는 데서 비롯된 것이다.

9) CT, BT, IT, NT 등.

10) 동아시아에 붐을 일으키고 있는 한류에 대해 한국문화의 고유한 역동성이

한류는 앞으로 한국 고유의 문화를 확대 재생산을 통해 동아시아인의 공동체 의식에 도달할 수 있는 문화적 코드로 바꿔 나가는 방향으로 나아가야 한다. 결국 여기서 중요한 문제가 한국의 고유성과 동아시아의 보편성의 문제가 어떤 문화적 코드에 커뮤니케이션이 이뤄지도록 하겠는가 하는 문제가 남는다. 한류가 일방적 문화전파 경향을 띤다면 현지 각국으로부터 비판과 반발을 살 수 있다. 최근 중국과 대만 등에서 한국의 드라마와 영화에 대해 수입을 규제하고 허가 절차를 어렵게 하는 것은 한류 확산에 따른 각국의 정서적 거부감이 생겨나기 때문이다. 이와 같은 점을 극복하기 위해서는 한류가 한국의 고유성보다 동아시아적 공동체 의식을 드러내기 위한 문화적 코드를 인코딩하는 것이 더욱 더 중요하다. 즉, 글로컬리즘이 하나의 문화적 담론으로 생산되는 데 있어서 구체적 문화콘텐츠가 무엇이며, 그 속에 담긴 다양한 코드들이 담고 있는

---

문화상품의 형태로 성공적으로 현현되었다고 과대포장을 하여서는 안 될 것이다. 문화민족주의 색채를 드러내거나 신자유주의 시장 논리에 편입되어서는 곤란하다. 문화산업이란 경제 상품이면서도 문화이기 때문이다. 경제주의적 시각과 문화주의적 시각이 공존하는 곳에 문화산업이 있는 것이고, 그러한 바탕 속에서 한류가 놓여야할 것이다. 더욱이 한류를 상업적이고 소비중심주의적이며 일탈적인 하위 잡종문화에 지나지 않는다고 폄훼를 하는 것도 곤란하다. 한국의 장년층 성인들도 잘 따라가기 힘든 힙합 노래라든가 댄스가 어떻게 한류가 될 수 있겠는가 하는 비판적 시각도 있을 수 있으나, 문화의 층위가 다양하고 그 속에는 삶의 총체적 모습이 모두 담겨 있기 때문에 어느 한편에 선 해석과 판단은 자칫 문화상대주의를 낳기 싶다. 더욱이 대중문화를 고급문화의 상대적 개념으로 파악해 이원론적 시각으로 보는 경향도 있는데, 문화란 일상의 삶 자체 속에서 탄생되는 것이기 때문에 문화를 계층화시킬 수가 없다. 다만 문화의 상위적 개념 속에서 다양한 하위 개념이 있을 수 있는 정도로 파악을 하면 된다.

의미망이 무엇이며, 또한 그것을 통해 어떤 공동체 의식이 함양되는지에 대한 보다 면밀한 고찰과 분석, 해석이 필요로 한 것이다. 이와 같은 연구가 다양한 콘텐츠를 개발할 수 있는 데 있어서 기본 개념 설정으로 작용할 수 있다. 현재 한류의 또 다른 문제점으로 지적되고 있는 콘텐츠의 다양성이 부족하다고 하는 문제점[11] 또한 이와 같은 연구를 통해 해결할 수 있다. 드라마와 영화에 편중되어 있는 것에서 벗어나 관광, 음식, 패션 등의 콘텐츠 개발은 한국적이면서도 세계적인 문화코드의 인코딩과 디코딩의 과정에 대한 면밀한 분석에 의해 가능한 것이다.

## 2. 인문학과 한국문학콘텐츠

'한류'에 대한 연구는 국내보다는 해외에서 더 활발하게 이뤄지고 있다. 일본과 대만, 홍콩, 그리고 중국의 사회문화학자들은 앞다퉈 한류에 대한 문화적, 사회적, 정치경제적, 역사적 시각에서 다양한 담론을 생산해 놓고 있다. 그런데 정작 국내에서는 하나의 문화상품 내지 시대적 조류로만 파악하고 있을 뿐 면밀하면서도 구체적인 담론을 만들어내지 못하고 있다. 그러면서도 동아시아

11) 문화관광부의 정책 보고서에 의하면, 한류의 문제점을 1. 콘텐츠의 다양성 부족, 2. 한류 확산에 따른 각국의 정서적 거부감 증대, 3. 한류에 대한 종합 지원 및 활용 체계 부족으로 보고 있으며, 앞으로 방향 또한 이것의 해결에 중점을 두고 있다(유병혁, 「'한류' 지속·확산 방안-아시아를 넘어 세계로」, 53~60면).

담론이 역사와 철학, 문학 등에서 이뤄진 점은 한류를 동아시아 공동체 담론으로 확대 재생산할 수 있는 기틀을 마련하였다고 볼 수 있다. 달리 말해 인문학의 관점에서 한류를 바라보면서 인문학의 지식 생산적 역할이 더욱 더 필요로 함을 새롭게 인식하게 된 것이다. 더욱이 디지털미디어의 시대에서 문자 중심의 인문학이 디지털 환경이라는 새로운 패러다임에 의해 변화하여야 할 필요성이 증대되고 있음을 인식한 것이다.

문자 중심으로 인간의 모든 것을 표현하였다면, 이제는 영상과 소리, 이미지 등을 통해 복합적으로 표현하는 시대가 되었다. 활자가 아닌 소리나 영상, 이미지 등의 멀티미디어가 인간의 사고와 행동의 영역을 규정지어 새로운 생각을 하게 한다. 맥루한이 말하였듯이, '미디어가 메시지'[12]인 시대에 살고 있다. 또한 인간 사고의 축적물인 지식이 인간에게 자신을 되돌아보게 하는 역할만 하지 않고 현실적 삶에서 유용하게 사용될 수 있는 수단이 되는, 즉 '정보재(Information Goods)'[13]와 같은 의미를 지니게 된다. 과거의 역사와 문학 작품, 그리고 삶의 방식에 대한 해석인 철학 등에서 이뤄진 지식과 담론이 인간의 행위와 삶, 사회와 제도 등을 비판하고 반성하며, 자신의 삶과 사회에 대한 인식의 기초 역할을 한 것이 문자 중심의 시대였다면, 디지털에 의한 멀티미디어의 시대에는 경제적 효용성을 갖고 현재의 삶에 유용성 있게 사용될 수 있는 기초 역할로 바뀌고 있다. 해독과 난독의 어려움 때문에 보기 어려웠

---

12) 마샬 맥루한, 박정규 옮김, 『미디어의 이해』, 커뮤니케이션북스, 2001, 7면.
13) 우정권, 『민족문학사연구』 30호, 2006, 448~450면.

던 과거 역사의 기록들(가령 조선왕조실록, 조선시대 검안 기록, 대하소설 등)이 디지털 환경으로 바뀌면서 보다 쉽게 접하게 되었고, 그럼으로써 과거에 대한 이해와 해석, 인식이 달라지는 현상을 보게 된다. 디지털이라는 환경이 우리의 인간의 생각을 다양하게 만들었고, 그럼으로써 우리의 현재를 바라보는 인식 또한 변화하게 된 것이다. 더 나아가 그러한 과거의 기록이 현재의 삶에 다양하게 사용되는 원천 소스와 역할을 함으로써 과거의 지식과 담론이 생산적 가치, 즉 재화와 상품으로서의 의미를 더 갖게 된다. 인문학이 지금까지 인간의 삶을 기초로 하고 그 속에서 인간에 대한 학문이라는 제한적 의미를 지녔다면, 앞으로는 디지털 환경에 의해 멀티미디어의 도움으로 인간의 삶과 사회, 그리고 자아의 문제를 다양하게 생각하고 고민할 수 있는 방향으로 나아갈 것이다.[14)]

인문학의 패러다임이 바뀌고 있는 상황에서 문학의 위기를 주창하는 사람들이 있다. 실제로 독서 시장에서 소설이나 시가 예전만큼 팔리지 않고 있다. 좀 더 살펴보면 소설이 팔리더라도 외국소설이 대부분이지 국내 소설은 아주 미비한 상태이다. 몇 년 전 세계적으로 돌풍을 일으킨 『다빈치 코드』가 국내에서 320만부(2006년 10월 현재) 이상 팔린 데 비해 국내 소설 중 몇 몇 작가의 소설(김별아의 『미실』, 공지영의 『우리들의 행복한 시간』 등)만이 겨우 10만부 이상 팔렸다. 국내소설이 외국 소설에 비해 팔리지 않은 가

14) 얼마 전 인문학의 위기라는 담론을 펼쳤던 여러 퍼포먼스는 인문학자의 위기이고 기존의 패러다임을 고수하고자 한 사람들의 위기라고 제한시켜 보아야 한다.

장 큰 이유는 '재미가 없다'는 것이다. 현재 문화 코드에서 가장 중요한 '재미'란 요소가 한국 정통문학에서는 찾아보기란 어렵다. 언제나 심각하고 사회적 이슈를 담아내야 하고 시대적 전형성을 지녀야 한다는 강박관념에 작가나 독자 모두 사로잡혀 있다 보니, 독서의 즐거움을 빼앗아 버린 것이다. 그러는 사이에 판타지나 무협과 같은 장르문학이 독서 시장을 점령하여 버렸다. 게임과 같은 3차원의 세계에서, 가상의 현실 세계에서 유저 자신이 주인공이 되어 세상을 지배하여 나가는 스펙터클하면서 판타스틱한 경험을 미적으로 체험한 세대들에게 사회적 이슈와 시대적 고민과 총체성의 문제는 자신과는 거리 가 먼 이야기일 수밖에 없다. 현재 이 순간의 문제가 진정한 가치를 지니고, 그 속에서 자기 자신이 문제를 해결하가는 주체가 된다는 '게임의 법칙'을 지닌 세대들에게 미스테리를 해결하는 추리 이야기는 자신의 삶의 체계의 축소판이 될 수밖에 없는 것이다. 그런데 한국의 독자들이 『다빈치 코드』가 베스트셀러가 되고 있을 때 재미난 반응을 보였는데, 베스트셀러 순위 1, 2위 다툼을 『연금술사』와 벌인 점이다. 이 작품은 추리소설적 특성을 지니지 않아 재미라는 공식에 어울리지 않고, 삶의 철학서와도 같은데도 200만부 이상 팔린 점은 국내 독자들의 독서 성향을 한 눈에 알 수 있는 주요한 대목이 된다. 교양으로서 독서를 하고 있는 점이다. 그런 점에서 『다빈치 코드』 역시 마찬가지로 인문학적 마인드(종교, 미술, 기호학, 여성학 등)에 의해 만들어졌음을 볼 수 있다. 이처럼 한국의 현재 독자들은 재미와 교양, 그리고 인문학적 마인드를 요구하고 있는 것이다. 이들 중 재미만 강조되면 판타지문학이 되고, 교양이 강조되면 교양소설이 되며, 인문학적 마인드를 강조하면 역사소설이 된다. 그러나 현재 문학의 코드는 역사, 교양, 판타지의 퓨전을 원하고 있다.

한국 문학의 패러다임이 이처럼 급속하게 변화하고 있는 속에서 문학에 대한 연구 역시 바뀌고 있다. 최근 국문학 박사 학위 논문이 '기생의 삶과 문학', '연애의 담론', '경성의 풍경', '방송국에서의 대중문화' 등을 테마로 하고 있는 것처럼 생활과 풍속을 중심으로 한 미시담론으로 옮겨가고 있다. 시대와 역사, 사회를 중심으로 한 거대담론의 연구에서 벗어나고 있는 것이다. 여기에 한 걸음 더 나아가 문학이 디지털미디어 환경에 적극적으로 대응하기 위한 문학콘텐츠에 대한 논문 역시 쏟아지고 있다.

한편에서 인문학의 위기를 이야기하고 있을 때 한국문학은 시대의 환경에 적응하기 위해 노력하고 있으며 새로운 문학의 패러다임을 만들어 내고 있었던 것이다. 그 중 가장 눈여겨 볼 것이 디지털미디어 환경에 의한 멀티미디어로 제작되고 있는 문학콘텐츠이다.

문학콘텐츠는 문학 작품을 소스로 하여 멀티미디어로 다양하게 활용될 수 있는 방법을 제시하는 데 있다. 영역을 크게 보면, 스토리텔링과 미시콘텐츠, 그리고 에듀테인먼트로 대별된다. 스토리텔링은 문학 작품을 원천 소스로 한 드라마나 영화, 뮤지컬, 애니메이션, 게임 등의 제작물에서 이야기하기의 방식을 제공하는 것이다. 미시콘텐츠는 문학 작품을 소스로 한 의상, 음식, 주거 환경 등의 콘텐츠 개발을 가능하게 하는 것이다. 에듀테인먼트는 문학 작품을 각종 하이퍼미디어로 제작하고 여기에 엔터테인먼트와 같은 재미라는 요소를 가미하는 것을 말한다. 이것이 가능하려면 먼저 문학 작품을 멀티미디어로 바꿀 수 있도록 데이터베이스 작업을 하여야만 한다. 디지털로 바뀐 문학 작품은 하이퍼텍스트로 바뀔 수 있으며, 각종 다양한 콘텐츠 개발의 원천 소스가 될 수 있다. 데이터베이스로 구축된 한국 현대 소설은 다양한 검색어를 통해 소팅이 되고, 필요에 의해 문장과 단락을 하이퍼링크 시킬 수 있다. 여기에 하이퍼텍스트 기능을 추가하고, 다시 영화와 드라마로 제작된 장면과 동영상을 하이퍼미디어로 제작할 수 있다. 이와 같은 디지털환경의 변화에서 활용 가치는 무한대이다. 가령 1920년대 연애의 방식이 무엇인지 궁금할 때 20년대 염상섭, 김동인, 이광수 소설을 불러내 '연애'의 검색어를 찾아내고, 문장과 단락, 주제 등을 하이퍼텍스트로 찾아내면서 각종 사진과 이미지, 동영상 등을 하이퍼미디어로 볼 수 있다. 이와 같은 점은 중고등학교 학생들에게는 교육 매체로 활용될 수 있고, TV 드라마 제작국이나 영화 시나리오 제작자들에게는 원천소스가 될 수 있으며 애니메이션이나 게임 등에서는 연애의 역사성을 담아낼 수 있는 기초가 될 수 있다.

한국문학의 미시담론(생활, 풍속, 예술)에 대한 연구 경향과 문학콘텐츠에 대한 새로운 시도는 미래의 일이 아니라 현재 진행되고 있는 사실인 점에서 더 이상 회피하고 관심 밖의 일로 두어서는 안 되고, 과거의 패러다임에 사로잡혀 일시적인 하나의 유행으로 가볍게 보아서도 안 된다. 더욱이 한류에 의해 촉발된 한국의 문화

송신자로서의 역할과 동아시아 공동체 형성에 있어서의 역할 앞에 있는 콘텐츠 개발의 다양성, 문화적 이질감 증대라는 문제를 해결하기 위해서는 문학콘텐츠를 보다 면밀하고 본격적으로 살펴보아야 할 것이다.

## 3. '순애(純愛)'의 동아시아적 공동체 의식: 〈겨울연가〉

한 편의 드라마가 한국과 일본을 비롯한 동아시아인들의 마음에 있는 애틋한 사랑의 그리움을 불러 일으켰다. 그러한 현상을 한류의 한 측면으로만 보아 넘길 수 없는 다양한 측면들이 있다. 남녀간의 사랑의 방식에 있어서 어떠한 공통점이 있으며, 그것이 어느 날 갑자기 한편의 드라마 속에 농축되어 나타난 것이 아니라 이미 오래전부터 문화적 교류에 의해 있어 온 현상이지 않는가 하는 점을 생각해 볼 수 있고, 그리고 그것의 현재적 의미가 무엇인지에 대한 해석을 생각하여 볼 수 있다.

<겨울연가>가 남녀간의 순수한 사랑이라는 인간의 보편적인 정서로 동아시아인의 마음을 사로잡았다. 특히 일본의 여성팬에게 잊혀진 첫사랑의 노스탤지어를 불러일으킨 점은 한국과 일본 사람의 마음에 사랑의 공통분모가 있지 않는가 하는 점을 생각하게 한다. 일본의 문화 학자인 모리 요시카다 교수는 겨울연가의 특별함에 대해, '첫째 일본과 한국의 문화 관계에 결정적으로 중요한 구

실을 하였다. 둘째, '중노년층의 여성팬'이라는 존재가 클로즈업되었다. 셋째, TV 드라마의 테두리에 머무르지 않고 그 외의 광범한 일상생활의 실천에 확대되고 있다.'고 한다. 유독 일본에서 <겨울연가>가 인기를 얻은 이유가 "대중문화에서의 노스탤지어 생산과 소비 현상이 뚜렷이 드러났다. 이런 측면에서 일본에서의 한류 붐을 고도 근대화 사회에서 일종의 상상적인 과거 회귀방식으로 타자성(他者性)을 소비하는 현상으로 해석할 수 있을 것이다."[15]라고 한다. 일본에서 폭력이나 도박, 직접적인 애정 표현이 과다한 드라마가 외면 받고 있는 상황에서 극단적인 로맨티스즘의 형태인 플라토닉 사랑을 핵심으로 한 순수한 남녀간의 사랑의 소재로 한 드라마는 그들에게 신선한 충격을 주었다.[16] 국내에서도 이 드라마가 큰 인기를 얻은 이유 중에 첫 사랑에 대한 아릿한 추억을 회상하게 한 점이라 할 수 있다. 이 드라마에 나오는 준상, 유진, 상혁이라는 세 사람의 운명적인 사랑 이야기가 현재 삶에 지친 이 시대의 사람들에게 우정과 사랑의 추억의 기억을 일깨워 어느 정도 위안을 준 점은 한국과 일본, 그리고 동아시아 각국의 사람들이 모

15) 오미영, 「일본 내 한류 수용과 타자(他者) 인식의 변화: <겨울연가> 붐을 중심으로」, 『현상과 인식』, 2006년 봄/여름, 40~41면.

16) 또한 형제와 부모, 나아가 조부노나 친척 등 가족 문제를 보여 줌으로써 현재의 일상성을 보다 현실적으로 구축하는 데 큰 영향을 끼쳤다(오미영, 앞의 글, 47~48면).

그 밖에 일본의 문화적 환경 속에서 인기 비결을 분석한 글을 정리하면, 성적인 요소가 개입되지 않은 순수한 사랑에 대한 향수와 비극적 내용, 감정이입 및 감상적 요소, 열정이 담긴 드라마 스토리, 배경음악, 출연자 캐릭터, 한국 사람과 한국 언어, 문화와 같은 한국적인 생활방식, 아름다운 대사 등을 들고 있다.

두 가졌던 반응이다.

일본에서의 연애는 1920년대에서 시작된 연애의 발견, 연애지상주의 시대에서 볼 수 있다. 연애를 인생에서 가장 중요한 것으로 보았으며, 이 연애가 기독교적인 신성한 연애[17]로 보았으며, 정신과 육체에서 정신을 더 강조하였다.[18] 로맨틱 러브 이데올로기가 만들어졌고, 연애와 결혼과 성애의 삼위 일체 이데올로기가 성립되었다.[19]

한국에서도 1920년대에 연애열이 불어 닥쳤다. 일본에서 연애의 바람을 촉발시킨 엘렌 케이의 글이 한국에 소개되었다.[20] 한국과 일본에 동시에 불어닥친 엘렌 케이의 열풍은 신지식인들에게 연애지상주의를 낳게 하였다. 그 밖에 서양의 소설들 역시 연애소설이 큰 인기 속에 번역되었다. 그리고 노자영의 『사랑의 불꽃』이 출판되어 1920년대 최대의 베스트셀러가 되면서 연애소설의 바람을 불러일으켰다.[21] 연애소설의 붐과 함께 연애편지 형태의 서간집 또

---

17) "恋愛は神聖なものですよ"(나츠메 소오세키(夏目漱石)의 소설 『마음(こころ)』(1914) 중에서)

18) 恋愛は人世の秘鑰1なり、恋5愛ありて後人世あり、恋1愛を抽き去りたらむには人生何の色味かあらむ、(中略)恋5愛豈単1純なる思慕ならんや、想世界と実世界との争1戦5より想世界の敗将1をして立籠らしむる牙城となるはすなわち恋5愛なり。(키타무라 토오코쿠(北村透谷)의 평론 "염세시가와 여성"(厭世詩家と女性) 중에서)

19) 히라츠카 라이초(平塚らいてう), "처녀의 가치(処1女の価7値)"(『新評論』 17, 1915.3).

20) 노자영, 「여성 운동의 제일인자 엘렌 케이」(『開闢』, 1921)에서 비롯된 엘렌 케이의 열풍은 『세계 10대 사상가』, 『아동의 세기』, 『사랑과 결혼』, 『사랑과 윤리』 등의 저작이 일본어로 번역되어 널리 읽혔다.

21) 이상수, 박용환, 박철혼 등의 대중 작가들이 출현하였다.

한 출판 즉시 팔려나가는 현상이 벌어졌다.22) 이 당시의 소설은 대부분 연애소설이었고, 한국 근대 작가의 효시를 이룬 이광수, 염상섭, 김동인의 초기 소설 역시 대부분 연애소설로 된 점은 시대적 분위기를 반영한 결과라 할 수 있다. 이때 당시 조선의 독자를 사로잡은 대표적 연애를 주제로 한 소설로 이광수의 『무정』과 『개척자』, 나도향의 『환희』, 김동인의 『마음이 여튼자여』, 염상섭의 『제야』, 현진건의 『희생화』 등이 있다. 물론 서구와 일본의 소설인 아리시마 다케오(유도무랑)의 『선언』, 톨스토이의 『카츄사』와 『부활』, 단눈치오의 『죽음의 승리』와 『프란체스카』, 도스토예프스키의 『가난한 사람들』 등이 있다.

이들 연애를 주제로 한 소설에서 볼 수 있는 연애의 방식은 '순애'적 특성을 지닌다. 연애를 인생의 제일로 여기며, 사랑을 얻지 못하면 죽음을 선택하는 순애보적 모습을 지니고 있다. 아리시마 다케오의 『선언』과 염상섭의 『제야』의 여 주인공이 한 남자를 사랑하고, 그 남자가 자신을 버리자 사랑을 위해 목숨을 버리고, 버리려고 하는 것에서 알 수 있듯이 사랑이 아무런 조건이 없이 오직 그 자체만을 숭고하게 생각하였다.23) 또한 김동인의 『마음이 여튼자여』에서 나오는 남자 주인공 역시 사랑을 위해서 목숨을 버리려고 하는 것에서도 역시 사랑 지상주의 또는 연애지상주의를 엿볼 수 있다.

---

22) 『청탑의 사랑』(경성서관, 1923), 『태서명가 연애서간』(조선도서주식회사, 1923), 『낙원의 춘』(박문서관, 1924), 『신체의 미문 학생 서한』(홍문원, 1924), 『이성의 선물』(영창서관, 1925), 『청춘의 꿈동산』(삼광서림, 1926) 등.

23) 우정권, 앞의 글, 449면.

한국과 일본의 연애소설에 등장하는 남자나 여자의 모습이 80여 년의 시간을 훌쩍 뛰어 넘어 <겨울연가>에서 다시 재현되었다. 일본에서 욘사마가 생겨날 정도로 큰 인기를 끌고 있는 배용준이 분한 준상의 캐릭터는 사랑 하나에 모든 것을 바치는 순수하고 순애보적인 남성을 상징하는 인물이 되었고, 한국에서도 마찬가지로 많은 여성 시청자들에게 동경의 대상이 되었다.

일본에서 '순애' 열풍이 분 것에는 1990년대 이후 일본 사회의 연애관이 갖고 있는 퇴폐성에 대한 반발이라 할 수 있다. 혼외연애와 불륜이 패션화되고, 정절이라는 단어는 죽은 언어가 되었으며, 텔레크라, 브루세라숍 등에서 볼 수 있듯이 성을 상품화하는 경향에서 육체적 관계 한 번 없는 순수한 사랑 이야기는 그들에게 오래전에 잊혀졌던 '순애'에 대한 그리움을 불러일으켰다. 특히 준상의 캐릭터는 오늘날 개인이 파편화되고, '사랑도 가족도 믿을 수 없다'는 의식이 만연할 만큼 사회 안전망이 붕괴된 고독한 일본 사회에서 찾아볼 수 없는 남성상이다. '준상'으로 묘사된, 사랑 하나에 모든 것을 바칠 수 있을 만큼 순수하고 순애보적인 남성의 등장은 이런 종류의 사랑에 동경을 지니고 있던 일본 4, 50대 여성들에게 열렬한 호응을 얻"[24]은 것이다. 이와 같은 시대적 분위기 속에서 잊고 있었던 20년대의 '연애지상주의'가 다시 살아난 것이다.

한국에서 <겨울연가> 식의 연애가 그렇게 낯설지 않게 받아들일 수 있었던 것 역시 20년대식의 연애 방식이 문화적 전통과 역사

24) 오미영, 앞의 글, 49면.

속에서 흘러 왔기 때문이다. 특히 8~90년대를 지나면서 사회적 현실 속에서 고단하고 피곤하였던 심신을 달래줄 수 있는 코드는 문화적 일탈이라고 할 수 있는데, 그것에 의해 '불륜'을 주제로 한 TV 드라마가 안방 극장을 점령하였다. 여기에서 많은 시청자들은 재미를 느끼면서도 식상하였고, 보다 순수하고 애뜻한 사랑을 갈망하고 있는 상황에서 <겨울연가>의 '순애보적 사랑'이 인기를 얻은 것이다.[25)]

---

25) 이 드라마가 인기를 얻은 비결을 네 가지로 들고 있다. 첫째, 첫사랑의 아릿한 추억 회상. 둘째, 절묘한 캐스팅. 셋째, 윤석호 PD의 브랜드. 넷째, 전략적 마케팅 등을 들고 있다(『경향신문』, 2002년 3월 27일자).

# 콘텐츠 시대의 내러티브

## 1. 문제 제기

### 1.1. 한국형 문화콘텐츠의 성공과 실패

한국의 드라마가 세계적인 드라마가 되어 우즈베키스탄의 바자르(시장) 가판대에서까지 DVD가 팔리고 있는 원동력이 무엇인가.

한국 영화가 1,000만명 이상 관객을 찾게 만드는 원인이 어디에 있는가.

온라인 게임의 시장 점유율이 세계 1위가 될 수 있었던 것은 무엇 때문인가.

반면,

'디워'가 헐리우드에서도 관심을 끌 것이라고 호언장담하였지만, 결과는 어떠하였는가.

'원더플 데이즈'에 들어간 제작비라면 '오세암' 몇 편을 더 만들겠는데, 그런데도 성공하지 못한 이유가 무엇인가.

'명성황후'가 세계적인 뮤지컬이 되고 있지 못한 이유가 무엇인가.

한국에 <해리포터>[1])와 <반지의 제왕>과 같은 세계적인 OSMU 할 수 있는 이야기가 왜 없는가.

이들 문제에 대한 답은 '이야기(Story)'에 달려 있다. 즉 많은 사람들에게 재미와 감동을 주고, 영원하게 잊지 못할 추억을 주는 것은 바로 '이야기'이다.

하지만 이러한 '이야기'가 어느 날 갑자기 생겨나는 것이 아니다. 스포츠처럼 소수의 엘리트를 육성하면 되는 일이 아니다. 다른 산업과는 달리, 이야기 산업은 그 무엇보다 좋은 이야기를 만들어 낼 수 있는 환경과 여건을 조성하는 것이 선결되어야 한다. 이야기는 생산되고 유통되면서 그 속에서 사람들이 좋아하는 이야기가 선별된다. 그러면서 양질의 이야기 만들어진다. 이러한 환경을 조성해야 하는 것이 급선무이다.

## 1.2. 방송통신 융합 미디어의 문제

방송통신 융합의 시대를 대비하여 과연 콘텐츠를 얼마나 고민을 하며 준비를 하고 있는가. 즉 신문과 방송, 잡지 등의 올드 미디

---

1) 최근 10년간 <해리포터>와 관련된 상품 매출액이 한국의 반도체 수출액을 초과한다.

어와 인터넷과 모바일 등의 뉴 미디어의 통합에 관한 각종 논의를 사용자 중심으로 고민을 하여 본 적이 있는가.

미디어에 대한 기술적응력이 높아진 차세대 뉴미디어 세대들을 위해 새로운 차원의 자기표현을 할 수 있는 인프라가 구축되어 있는가.

뉴미디어의 도래에 의해서 세계관과 의견 표현 방식 자체가 변화하고 있는 요즘, 이에 대한 대응력을 우리 모두 얼마나 갖고 있는가. 즉, 사이버와 실재가 혼재되어 있는 세계에 대한 사회적, 윤리적 담론을 만들어 나가야 되지 않는가. 그것의 부재로 인해 생겨난 문제점은 다음과 같다.

1) '아고라'의 순기능과 역기능
2) '미네르바'의 영향력과 대응력
3) 'UCC'의 역할

이들 문제에 대한 답은 '이야기하기(스토리텔링)'이다. 이야기하기란 이야기가 만들어지고 소비되는 과정이 끊임없이 이어지면서 이야기에 의해 담론이 형성되는 것을 말한다. 이것을 두고 '이야기하기의 순환구조'라 할 수 있는데, 이것이 잘 이뤄지지 않으면 담론이 왜곡되어진다.

'미네르바'의 부정적 영향력이 커진 이유는 그의 의견에 대한 비판과 부정의 의견이 수렴되고, 그러면서 스토리가 좀 더 정교해지면서 하나의 담론을 형성하여 가는 '스토리텔링'의 과정이 생략

되었기 때문이다. 보다 근본적인 문제는 인터넷 여론 형성을 이루는 미디어가 다양하지 못하였으며, 사용자의 적극적인 참여를 유도할 수 있는 미디어의 편리성도 부족하였기 때문이다. 올드미디어와 뉴미디어가 공존하는 현실 속에서 이들 미디어의 상호 교류가 차단되었기 때문에 흑백의 논쟁으로 이어져 진실과 거짓의 혼돈 속에 있었던 것을 우리들은 짧은 기간 동안 경험하였다. 이 문제를 해결하기 위해서는 인터넷과 같은 뉴미디어에 대한 향유 계층을 확대시켜 나가야 한다. 올드미디어에 익숙한 세대들도 접근을 쉽게 할 수 있도록 편리성을 증대시켜야 한다. 인터넷 문화에 익숙하지 않은 계층에게도 뉴미디어를 쉽게 사용할 수 있는 제도와 장치뿐만 아니라 기술적 장치도 마련하여야만 새로운 시대의 미디어 환경에 우리 모두 동참할 수 있을 것이다.

## 2. 문제 해결을 위한 배경

앞 장에서 언급한 우리 문화콘텐츠의 문제점과 방송통합 융합미디어의 문제를 우리의 문화적인 배경과 기술적인 배경 속에서 찾아보겠다.

### 2.1. '수다 떨기'의 문화

한국 사람들은 사람들과 만나 일명 '수다 떨기'를 좋아한다. 카페나 커피숍에서 그렇게 중요하지 않은 일인데도 만나 자기 이야기에서부터 시작하여 친구, 회사 동료, 가족과 친지에게로까지 그 범위를 확장시켜가면서 몇 시간이고 수다를 떤다. 한국형 '수다 떨기'는 전파력이 강해 외국인들도 곧 이와 같은 문화에 빠져들곤 한다. 서로 얼굴을 마주보면서 이야기를 나누는 행위가 커뮤니케이션 중에서 가장 인간적인 보편성을 지니고 있기 때문일 것이다. 문자가 만들어지기 전의 구술문화에 있었던 의사소통 방식이 21세기 정보화시대의 첨단이라 할 수 있는 한국에서 성행하다보니 사람들 사이 따스한 정(情)이 생겨나기도 하였다. 수다를 떨다 보니 서로 정이 들고, 그러면서 인간적인 유대 관계가 형성되곤 하는 것이 한국 사람들의 사람 사귀는 방식이 될 것인데, 여기에는 서로간의 관계에 대한 세밀한 리얼리티가 있다. '시시콜콜하다'라는 말이 있듯이, 정에 의한 유대 관계는 꼼꼼하면서도 세심한 이해와 배려가 있어야만 오랫동안 유지될 수 있다. 그것에 의해 만들어진 것이 한국형 드라마이다. 한국 드라마에 대해 외국인들이 좋아하는 요소는 '상당히 사실적인 묘사가 뛰어난'점에 있다. 또한 시청자들의 적극적인 개입이 다른 나라에 비해 두드러진다. 시청자들이 드라마 게시판에 글을 올려 자신의 생각을 적극적으로 표현하면서 시청자 맞춤형 드라마가 만들어지고 있는 것이 대세가 되었다. 이런 경향을 1920년대 이광수의 『무정』이라는 소설이 『매일신보』 연재되었을 때부터 찾아 볼 수 있다. 이 소설의 여자 주인공 영채가 한강에 빠져 죽으려고 할 때 독자들이 신문사에 항의 편지와 전화를 하여 영채를 살려 내라고 아우성을 쳐 결국 작가는 2부를 만들어 해피

엔딩으로 끝을 맺었다.

결국 '수다 떨기'가 한국의 고유한 정의 문화를 만들어내고, 그것이 트리비얼리즘이라는 묘사 방식에 의한 드라마를 만들어내고, 시청자 참여의 드라마가 창작되어지는 과정을 거치면서 한류를 일으켰던 것이다. 이제 이와 같은 한국 문화의 특성을 영화나 게임, 뮤지컬 등에서 찾아 이들 콘텐츠를 세계적 수준으로 끌어올릴 수 있는 제도적 장치를 마련해야 할 것이다.[2)]

## 2.2. 발달된 IT기술

도시 주변을 보면 카페와 커피숍이 어디에든 있다. 이곳에서는 사람들이 수다만 떠는 것이 아니라 노트북 하나씩 들고 앉아 무선 인터넷으로 웹서비스를 받고 있다. 빠른 인터넷 덕분에 이곳에서 이야기 나누는 장면이 그대로 카메라를 통해 바다 건너 나라에 영상으로 실시간 전송되며, 자신의 생각이나 글을 친구나 다른 사람에게 전송한다. 이와 같은 IT강국의 위력과 기술은 끊임없이 이야기를 생산해 내고 그것을 산업화하는 최적의 배경이 된다. 이미 많이 사용되고 있는 DMB라든가, 모바일 인터넷 등과 같은 서비스에서 콘텐츠가 가장 중요하다는 말을 많이 한다. 그리고 많은 업체들이 콘텐츠를 확보하기 위해 많은 애를 쓰고 있다고 한다.

---

2) 보론하면, 한국에서 온라인 게임이 성행하고 뮤지컬이 큰 인기를 끌고 있으며, 영화 역시 마찬가지인 것은 한국식 문화적 환경 속에서 나온 것이라 생각한다. 이것에 대한 구체적인 근거와 이유는 다음 기회에 하겠다.

그러나 콘텐츠가 턱없이 모자라는 상황에서 영화, 드라마, 애니메이션 등과 같은 콘텐츠를 많이 만들어내는 것 못지않게 중요한 것이 사용자들이 만들어낸 콘텐츠를 활용하는 것이다. 사용자 자신의 기호와 취향에 의해 만들어진 각종 다양한 동영상이나 이미지, 음악 등을 UCC로 만들어 다양한 기기에 업로드 하여 누구나 쉽게 볼 수 있도록 하는 것이다. '수다 떨기'가 디지털과 IT와 만나 무한대의 사람들에게 전파된다면 현실에 대한 공동체 의식이 함양될 것이다.

## 3. 이야기산업의 활성화를 위한 정책

### 3.1. '이야기' 생산을 위한 인프라 구축

영국 각지에는 3만개가 넘는 스토리텔링 클럽이 운영되고 있다. 이곳에 사람들이 모여 자기 주변 이야기나 좋아하는 이야기를 서로 나눈다. 이곳에 매주 참석하는 사람들은 새로운 이야기를 발굴하기 위해 노력을 하다 보니, 스토리가 고도화되고 스토리텔러라는 전문가가 생겨났고, 이러한 문화가 한낱 가난한 주부에 불과했던 <해리포터>의 작가를 세계에서 가장 많이 읽히는 이야기의 작가로 바꾸는 결정적인 문화적 토대가 되었다.

한국도 영국의 스토리텔링 클럽을 모델 삼아 사람들이 자주 모이는 카페나 커피숍에서 '이야기하기 모임'을 정기적으로 갖는 것이 필요하다. 물론 '이야기'가 언제나 이뤄지고 있는 '카페'와 '커피숍'과 같은 수다 떨기의 장소를 적극적으로 활용한다면 충분히 가능한 상상이다.

'이야기하기 모임' 단계별 활성화 방안

1단계: 일반인들의 관심을 유도하기 위해 유명 문학 작가가 문화 향유층이 자주 모이는 곳(가령 홍대 주변 카페나 커피숍, 인사동 찻집, 양재동이나 분당 정자동 카페 골목 등)에서 자신의 작품을 낭독하고 독자와 자유롭게 이야기를 나누는 시간을 정례화 한다.

예를 들면, 홍대 주변의 합정동에 한국 출판사의 60%가 산재되어 있어 작가와 출판인, 그리고 독자가 자주 만날 수 있는 공간적 이점이 있다. 또한 이곳에 카페와 커피숍이 그 어느 지역보다 많이 있으므로 '이야기하기 모임'이 자연스럽게 만들어질 수 있는 문화적 인프라가 형성되어 있다. 그러므로 이와 같은 지역에서 작가와 독자, 독자와 독자간의 '이야기하기 모임'이 정례적으로 이뤄지면 하나의 문화적 현상이 되어 다른 지역에 전이되는 파급 효과가 클 것이다.

2단계: 문학 작가의 작품에 대한 낭독에서 시작되었지만, 독자가 작가의 일방적인 설명이나 해설을 듣는 것이 아니라 적극적으로 작품 속에 개입하는 과정을 통해 또 다른 작품이 탄생할 수 있는 길을 연다. 그것이 어느 정도 문화적 현상이 된다면 예비 작가가 이곳에 자신의 작품을 먼저 발표하여 독자들의 반응을 살펴보고, 그들과 대화를 나누면서 한단계 더 높은 작품을 만들어낼 수 있을 것이다.

3단계: 예비 작가뿐만 아니라 일반인들 모두 이곳에서 쏟아내는 많은 이야기를 출판인들이 보고 들으면서 소설이나, 영화, 드라마, 만화, 애니메이션 등의 문화콘텐츠로 만들어낼 수 있을 것이다.

### '이야기하기 모임'의 공공성

'이야기하기 모임'이 활성화되면 다양한 문화콘텐츠를 생산해낼 수 있는 기반을 마련할 수 있는 예술적 가치를 얻게 될 것이다. 그뿐만 아니라 많은 사람들이 '이야기하기'라는 방식을 통해 세상 사람들과 소통하는 방식을 배워 건전한 담론을 만들어낼 수 있을 것이다. 인터넷에만 있는 것이 아닌 현실 세계에서의 '아고라'를 만들어낼 수 있는 것이다. 이것은 다른 목적을 위해 모인 단체와는 성격이 다르게 자발적인 참여에 의해서만 모임이 형성되므로 특정한 사람들의 목소리에 의해 움직여지지 않은 특징을 갖게 될 것이다. 또한 경제가 어렵고, 힘든 세상을 살아가고 있는 사람들에게 자신의 고통과 어려움을 토로해 낼 수 있는 길이 열린다는 것은 그만큼 우리 사회가 대립과 갈등이라는 심리적 기제에서 벗어날 수 있게 될 것이다. 하나의 문화적 공동체 의식을 갖게 됨으로써 자기 자신과 우리에 대한 정체성을 회복하고 삶에 대한 행복 지수를 높일 수 있는 계기를 가져다 줄 것이다.

## 3.2. '이야기하기'의 미디어 확산

'이야기하기 모임'의 UCC 유통

카페나 커피숍 등에서 일어난 '이야기하기 모임'의 모든 일들은 UCC형태로 제작하여 웹서비스가 된다. 전국의 국민들이 작가와 독자, 예비 작가와 청중, 청중과 청중 등이 벌인 '수다 떨기'를 인터넷으로 보면서 자신의 생각을 댓글로 달거나, 아니면 또 다른 UCC를 만들어 웹페이지에 올려놓는 것이다. 이것은 비록 한 현실 공간에서 일어난 일들이 자연스럽게 가상공간으로 넘어 오면서 또 다른 세계를 만들어내는 것이다. 즉, 아날로그와 디지털, 현실과 가상이 IT에 의해 그 경계가 없어지면 '이야기하기의 순환구조'로 나아갈 수 있게 되는 것이다.

'이야기만들기 공간'을 설립을 통한 공공서비스

각 지역 자치에 도서관이나 시민회관이 건립되어 있는 데 이곳에서 '이야기 만들기 공간'을 설립한다. 국민의 소득이 높아질수록 자신의 이야기를 표현하기를 더 갈망한다고 한다. 미국의 '디지털 스토리텔링센터'에서 노년층들이 디지털스토리텔링을 할 수 있는 조작법을 배워 자신의 삶의 일대기를 UCC로 제작하는 것이 미전역에서 붐을 일으키고 있다. 이들은 자신의 지나온 삶을 문자가 아닌 영상과 음악, 그리고 목소리를 통해 만들어 놓아 친구와 친지들

뿐만 아니라 후손들에게까지 전해지기를 원하고 있다.

결국 사람들은 누구나 이야기하기를 좋아하고, 그것이 문자가 아닌 영상과 음악과 같은 멀티미디어로 되어짐으로써 보다 생생하게 자신의 생각을 표현할 수 있게 된 것이다.

우리나라에서도 전국 주요 도시에 있는 도서관이나 시민회관 등에 '이야기만들기 공간'을 설립하여 세대를 초월하여 누구나 쉽게 자신의 삶을 멀티미디어로 제작할 수 있도록 하여야 한다. 그것이 자신의 삶에 대한 만족과 기쁨을 느낄 수 있는 또 다른 방식이 된다면 우리들의 행복지수는 상당히 올라갈 것이다.

## 4. 정책의 기대 효과

### 4.1. IP TV가 아닌 iTV 시대를 대비한 공공서비스

일찍이 영국에서는 인터랙티브 텔레비전을 공공서비스 영역으로 삼고 있다. IP TV 시대가 한국에서도 열리게 되면서 이제 시청자 참여에 의한 텔레비전 시대를 대비하여야 한다. iTV는 인터넷의 '위키피디아'나 '지식iN'과 유사한 기능과 블러그나 카페와 같은 기능도 함께 갖는다. 인터넷에서의 사용자의 참여에 의해 이뤄지는 모든 것들이 TV로 그대로 옮겨 왔다고 보면 된다. 그러면서 IP TV 기능도 갖고 있어 시청자의 적극적인 참여에 의해 드라마나 영화, 쇼나 개그 프로그램 등의 각종 콘텐츠를 자신의 기호에 맞게 선택하여 시청할 수 있다. 여기에 콘텐츠 안의 내용을 자신의 취향에 맞게 재편집할 수 있는 기술이 생겨나면 시청자 자신만의 텔레비전을 갖게 될 것이다. 즉, 자신의 방송국을 하나 소유하는 것과도 같게 된다. 일인 방송국이 되면 자신의 콘텐츠를 다른 사람들에게 전달하여 끊임없이 '이야기하기의 순환구조'를 만들어낼 수 있을 것이다.

### 4.2. 이야기의 순환구조를 통한 열린 소통의 사회

'이야기하기 모임'이 활성화되면 다양한 문화콘텐츠를 생산해낼 수 있는 기반을 마련할 수 있는 예술적 가치를 얻게 될 것이다. 그뿐만 아니라 많은 사람들이 이야기하기라는 방식을 통해 세상 사람들과 소통하는 방식을 배워 건전한 담론을 만들어낼 수 있게 될 것이다. 이렇게 이야기 하는 것을 좋아하는 한국 사람들에게 양질의 이야기를 생산해 내고 소비하는 과정, 즉 '이야기하기의 순환구조'가 만들어지게 되면, 국가의 경제가 어렵고, 이데올로기가 대립되고, 국론이 분열될 때 우리들은 상호 소통할 수 있게 될 것이다.

'이야기하기의 순환구조'가 원만하지 않을 때, 사실에 대한 왜곡과 은폐가 벌어지고, 잘못된 정보로 인해 직접적 상관이 없는 많은 사람들이 피해를 받곤 한다. 개인적 차원의 '수다 떨기'에서 '이야기하기의 순환구조'에 의한 공공성이 형성될 때 우리 사회는 농담이 통용되고 잘못된 정보를 정화시켜 나갈 수 있을 것이다. 이를 통해 인터넷에만 있는 것이 아닌 현실 세계에서의 '아고라'를 만들어낼 수 있을 것이다. 이것은 다른 목적을 위해 모인 단체와는 성격이 다르게 자발적인 참여에 의해서만 모임이 형성되므로 특정한 사람들의 목소리에 의해 움직여지지 않은 특징을 갖게 될 것이다. 또한 경제가 어렵고, 힘든 세상을 살아가고 있는 사람들에게 자신의 고통과 어려움을 토로해 낼 수 있는 길이 열린다는 것은 그 만큼 우리 사회가 대립과 갈등이라는 심리적 기제에서 벗어날 수 있게 될 것임을 의미한다.

**우정권** 禹政權
강원도 강릉 출생
홍익대학교 국문과 졸업
서울대학교 국문과 대학원(석사, 박사) 졸업. 문학박사
단국대학교 한국어문학과 교수
단국대 미디어콘텐츠연구원 미디어아트 및 스토리텔링연구센터 센터장
**대표 저서 및 논문**
『한국문학콘텐츠』(2007년 대한민국 학술원 우수학술도서)
『조명희와 선봉』(2006년 대한민국 학술원 우수학술도서)
「30년대 경성과 동경의 '카페' 유흥문화 비교 연구」
「문화콘텐츠탐사에 의한 한국문학 공간의 '가상현실'화에 관한 시론」

# 문명의 변화와 내러티브

**초판 1쇄 찍음** • 2009년 10월 12일
**초판 1쇄 펴냄** • 2009년 10월 17일
**지은이** • 우 정 권
**펴낸이** • 박 성 복
**펴낸곳** • 도서출판 月印
서울특별시 강북구 흰구름길 19-3(수유2동 252-9)
**등록** • 제6-0364호 / **등록일** • 1998년 5월 4일
**대표전화** • (02) 912-5000 / **팩스** • (02) 900-5036
worinnet@hanmail.net / http://www.worin.net

ISBN 978-89-8477-448-3 93810
값 7,000원